AF193412

## ACCESO GRATIS *a la Lectura en la Nube*

Para visualizar el libro electrónico en la nube de lectura envíe junto a su nombre y apellidos una fotografía del código de barras situado en la contraportada del libro y otra del ticket de compra a la dirección:

ebooktirant@tirant.com

En un máximo de 72 horas laborables le enviaremos el código de acceso con sus instrucciones.

# Desbloqueando la Inteligencia Artificial

## Skills&Art, del conocimiento al desarrollo del pensamiento

**Lucía Pérez-Pérez**
**Santa Palella Stracuzzi**
*Autoras*

*Con la colaboración de*
**Claudia González Plaza**

# Desbloqueando la Inteligencia Artificial
Skills&Art, del conocimiento al desarrollo del pensamiento

**tirant humanidades**
Valencia, 2025

©TIRANT HUMANIDADES
EDITA: TIRANT HUMANIDADES
C/ Artes Gráficas, 14 - 46010 - Valencia
TELFS.: 96/361 00 48 - 50
FAX: 96/369 41 51
Email:tlb@tirant.com
www.tirant.com
Librería virtual: www.tirant.es
DEPÓSITO LEGAL: V-4121-2025
ISBN: 978-84-1081-524-7
MAQUETA: Disset ediciones

Si tiene alguna queja o sugerencia, envíenos un mail a: atencioncliente@tirant.com. En caso de no ser atendida su sugerencia, por favor, lea en *www.tirant.net/index.php/empresa/politicas-de-empresa* nuestro Procedimiento de quejas.

Responsabilidad Social Corporativa:
*http://www.tirant.net/Docs/RSCTirant.pd*

# Agradecimientos

A Dios, por abrir los caminos hacia el logro de este aporte a la enseñanza-aprendizaje. Su presencia silenciosa, pero constante, ha guiado cada decisión, cada idea y cada encuentro que dio vida a este proyecto.

A nuestras familias, origen e impulso, donde de verdad encontramos la inspiración, la fuerza y el cariño que alimentan nuestra creatividad.

A nuestra vocación de servicio, que nos impulsa cada día a enseñar con propósito, a investigar con sentido y a acompañar procesos formativos que transforman desde el ser. Esta obra nace del deseo profundo de servir, de sumar y de dejar huella en quienes buscan liderar con autenticidad.

A todos los estudiantes que han participado en Skills&Art, por permitirnos aprender con ellos, y de ellos. Han sido nuestra fuente constante de inspiración y la razón última de este trabajo.

A quienes, desde la docencia, la gestión, la investigación o el arte, han confiado en esta propuesta y la han hecho crecer con su mirada, su palabra y su experiencia. Al Museo Nacional Thyssen-Bornemisza en Madrid y al Museo Bellapart en Santo Domingo, por ser los primeros en abrirnos sus puertas, y a todos los museos que, fieles a su vocación educativa, nos apoyan incondicionalmente: gracias por hacer del arte un espacio compartido de transformación.

Y a la vida, por permitirnos recorrer este camino y hacer posible que una idea se convirtiera en proyecto. Porque cuando se trabaja con propósito y en sintonía, el aprendizaje se convierte en significativo y transformador.

# Índice

# Prólogo

En una época atravesada por la velocidad del cambio, la complejidad de lo incierto y la omnipresencia de la inteligencia artificial, la educación tiene el imperativo no solo de transmitir conocimiento, sino de generar pensamiento. Desbloqueando la Inteligencia Artificial: *Skills&Art, del conocimiento al desarrollo del pensamiento* es una invitación a reencontrar en la enseñanza una dimensión profundamente humana, creativa y transformadora. En estas páginas se propone una ruta metodológica que trasciende las tradicionales fórmulas pedagógicas y educacionales para situar en el centro al ser humano, con toda su riqueza emocional, simbólica y cognitiva.

Este libro es, ante todo, el resultado de un trayecto vital y académico compartido por dos autoras profundamente comprometidas con la docencia y con la formación de líderes conscientes: Lucía Pérez-Pérez y Santa Palella Stracuzzi. Ambas confluyen desde experiencias diversas —la gestión cultural, el arte, la filosofía humanista, la comunicación, el coaching dialógico, la educación y la docencia universitaria— para aportar a este proyecto su genio genuino.

Lucía es creatividad en estado puro, energía y luz. Su recorrido vital, nutrido de viajes, museos y silencios contemplativos, se transformó en metodología: Skills&Art.

Santa añade visión estratégica, rigor académico y método; y ambas comparten la pasión por lo humano y el compromiso con la verdad, herencias claras del pensamiento clásico que contribuyó a configurar nuestra cultura occidental. Esta unión no es solo el cruce de dos trayectorias profesionales, sino el entrelazamiento de dos convicciones profundas sobre el valor del aprendizaje como transformación interior y social hacia el servicio humanista.

*Skills&Art* es una innovación didáctica disruptiva no solo por su estructura o metodología, sino por su propósito: formar líderes desde el ser y no únicamente desde el hacer. En un mundo que tiende a mecanizar lo humano y a tecnificar la formación, este enfoque recupera el arte como catalizador del autoconocimiento, del pensamiento crítico y de la autenticidad. El modelo parte de una convicción antropológica: no se puede liderar a otros sin haberse encontrado primero con uno mismo. Por eso, la obra de arte aquí no es un adorno, sino un espejo; no es una herramienta, sino una experiencia. A través de la contemplación, el participante accede a su mundo interior, reorganiza sus pensamientos, da sentido a sus emociones y construye un discurso que es también una declaración de identidad.

Este libro no es solo una exposición metodológica. **Es una bitácora de viaje.** Está escrito con la voz de quienes han vivido lo que aquí se propone, con el respaldo de una investigación rigurosa y con el anhelo de ofrecer a otros educadores, formadores y líderes una herramienta que inspire y transforme. Su lectura es un recorrido guiado y sensible por las fases del modelo —*Discovery, Selecting, Staging, Feedback* y *Mentoring*— donde cada etapa se apoya en fundamentos teóricos sólidos y en experiencias formativas contrastadas en el aula y en la práctica profesional.

En un contexto en el que los discursos sobre la inteligencia artificial tienden a generar fascinación o temor, este libro propone una tercera vía: una mirada crítica y humanista que reconoce el potencial de la IA, pero que **reivindica el papel insustituible del pensamiento humano.** La inteligencia que necesitamos formar no es solo computacional, sino integral; no es solo veloz, sino sabia. *Skills&Art* es una respuesta a esa necesidad: un modelo formativo que conecta la razón con la emoción, la técnica con el arte, el liderazgo con la introspección, y la enseñanza con el alma.

La lectura de este libro no dejará indiferente a quienes creemos que educar es mucho más que transmitir contenidos: es tocar la vida de las personas para ayudarles a convertirse en quienes verdaderamente son. Este es el legado que Lucía y Santa nos ofrecen con generosidad, lucidez y profundidad. Que este texto inspire a muchos a liderar procesos educativos transformadores y a construir, desde la autenticidad, un futuro donde pensar siga siendo un acto esencialmente humano.

Inmaculada Berlanga Fernández
*Madrid, abril de 2025*

# Introducción

¿Estamos perdiendo la capacidad de pensar por nosotros mismos en un mundo dominado por la inteligencia artificial (IA)? En un entorno donde las máquinas piensan por nosotros, el verdadero valor humano está altamente demandado. Las empresas ya no buscan solo habilidades técnicas: buscan líderes auténticos capaces de inspirar y conectar. De hecho, no es la tecnología la que define el éxito profesional, sino la capacidad de liderar desde la autenticidad y la conexión humana. ¿Dejarías tu trabajo por falta de herramientas o por un mal liderazgo? La respuesta revela el verdadero valor del liderazgo auténtico. La automatización está desplazando habilidades técnicas, pero hay algo que la IA no puede replicar: la humanidad. En un mundo cada vez más automatizado, liderar desde el ser es la única forma de construir equipos motivados y de fidelizarlos.

En los últimos años, las competencias cognitivas combinadas con habilidades interpersonales y de adaptabilidad han ganado relevancia. Su importancia se refleja en publicaciones científicas y divulgativas, en programas de formación profesional, en descripciones de empleo e incluso en conversaciones informales. Estas habilidades personales son esenciales en cualquier ámbito y facilitan la interacción con los demás.

Tal y como se ha señalado, uno de los motivos más importantes para que estas competencias sean tan valoradas es el impacto de las nuevas tecnologías, especialmente la inteligencia artificial. La IA está automatizando una gran parte de los procesos y decisiones que antes requerían reflexión y análisis humanos. Como resultado, hay una creciente carencia de pensamiento crítico y capacidad de resolución de problemas, ya que cada vez delegamos más en las máquinas y pensamos menos por nosotros mismos. Esta dependencia tecnológica ha resaltado la importancia de reforzar las competencias cognitivas e interpersonales para mantener la capacidad de adaptación, la creatividad y el juicio crítico en un entorno laboral cada vez más automatizado.

En el ámbito laboral, son altamente demandadas ya que ayudan a realizar el trabajo de manera más eficiente y consistente. Por ello, se han realizado numerosos estudios e informes que identifican las habilidades emergentes y futuras en el mercado laboral, destacando la necesidad de formar a participantes y profesionales en estas destrezas.

Sin embargo, aunque las habilidades técnicas y cognitivas son importantes, lo que realmente marca la diferencia es el liderazgo auténtico. De todos es sabido que las personas no dejan empresas, sino líderes. Un entorno profesional puede contar con el mejor talento y las mejores herramientas, pero si quienes dirigen carecen de un liderazgo transcendente, que aplica a las necesidades reales de las personas en todas las dimensiones, el equipo acabará desmotivado.

El verdadero liderazgo no consiste en aplicar técnicas o estrategias concretas, sino en liderar desde el ser. Implica ser coherente con los propios valores, desarrollar una relación genuina con el equipo y generar confianza desde la autenticidad. Un líder que lidera desde el ser es capaz de conectar con las personas a un nivel humano y profesional, comprendiendo sus motivaciones, apoyando su crecimiento y guiando desde el ejemplo. Esta es la clave para construir organizaciones sólidas y sostenibles.

En este contexto, surge la necesidad de una propuesta que, desarrollando las habilidades cognitivas, fomente un liderazgo autentico y orientado al servicio.

Creemos que esta propuesta debe ser creativa y basarse en un enfoque humanista, que responda a la forma de aprender del ser humano y desarrolle su dimensión racional, espiritual y social. En este sentido, conectamos las habilidades con el Arte, creando un modelo de innovación didáctica disruptiva para el desarrollo de habilidades de pensamiento en general y de la persona en particular: *Skills&Art*, cuya idea creadora se la debemos a Lucía Pérez-Pérez.

# Desbloqueando la Inteligencia Artificial con la innovación didáctica disruptiva Skills&Art: Del conocimiento al desarrollo del pensamiento

Desarrollar el pensamiento desde el conocimiento implica una combinación de técnicas que ayuden a pensar fuera de la caja, como la resolución de problemas con enfoques no tradicionales y orientaciones que estimulan la curiosidad, el análisis crítico, la creatividad y la aplicación práctica al animar a formular las propias preguntas y a buscar respuestas.

Al integrar estrategias en la formación o desarrollo de habilidades, se prepara a los participantes no solo a retener información, sino a utilizar ese conocimiento de manera efectiva, innovadora y ética en el mundo real. El objetivo no es solo adquirir conocimientos, sino también cultivar habilidades cognitivas avanzadas que permitan a los participantes analizar, evaluar y crear nuevas ideas.

Por otra parte, en la era digital actual, la inteligencia artificial se ha convertido en una herramienta poderosa que transforma diversos aspectos de nuestra vida. Sin embargo, su verdadero potencial se desbloquea cuando se combina con un enfoque didáctico innovador, que integra tanto habilidades prácticas como artísticas. Este enfoque, denominado *Skills&Art*, no solo fomenta el conocimiento, sino que también promueve el desarrollo del autoconocimiento y en general, todas las habilidades de pensamiento en los participantes.

Al combinar la ciencia y el arte en la educación, se abre un nuevo paradigma en el aprendizaje, donde la IA no tiene un rol preponderante para la innovación didáctica disruptiva, sino que el centro es el ser más allá del hacer. Ese paradigma se engloba en *Skills&Art*.

*Skills&Art* enfatiza la importancia de enseñar habilidades prácticas, junto con el arte. Esta combinación permite a los participantes comprender cómo debe hacer que la IA funcione para su beneficio y a utilizarla de manera creativa, tomando decisiones, con pensamiento crítico, pensamiento analítico y ética. El arte, en particular, juega un papel importante en el desarrollo de la empatía, la comprensión cultural y el uso de la libertad, lo que es esencial para no depender de la IA. Es decir, la combinación de habilidades con una perspectiva artística y humanista asegura que la IA se promueva de una manera más ética y consciente, al servicio de la persona.

Además, el enfoque de *Skills&Art* es interdisciplinario porque fomenta el pensamiento crítico al desafiar a los participantes a resolver problemas complejos utilizando tanto su capacidad analítica como su imaginación. Los proyectos que involucran la mirada a obras de arte no solo enseñan habilidades blandas o conocimientos. La obra de arte que interpela te confronta con preguntas esenciales sobre tu propia identidad y propósito. Este es el poder del arte como herramienta: te obliga a detenerte, a reflexionar y a enfrentar cuestiones fundamentales sobre quién eres, qué valoras y cómo te posicionas frente al mundo o qué legado quieres dejar. Esta experiencia de autoconocimiento es clave para un liderazgo auténtico, porque el verdadero liderazgo no surge de lo que haces, sino de quién eres.

Estos proyectos pueden ser catalizadores para debates sobre la importancia de mantener la creatividad humana en un mundo cada vez más dominado por máquinas. El desarrollo del pensamiento, más allá del mero conocimiento, es otro pilar fundamental de *Skills&Art*. La integración en la educación debe aspirar a cultivar una mentalidad innovadora y adaptable en los participantes. Al exponerlos a diferentes perspectivas y métodos de resolución de problemas a través del arte, los educadores pueden ayudar a desarrollar habilidades de pensamiento crítico que les permitan adaptarse a los rápidos cambios tecnológicos y sociales.

Este enfoque prepara a los participantess para ser creadores y líderes. La adaptabilidad y la capacidad de pensamiento crítico son esenciales en un mundo donde la tecnología evoluciona constantemente y los problemas que enfrentamos son cada vez más complejos y multidimensionales.

Desbloquear la IA requiere una aproximación que combine habilidades prácticas y de pensamiento, poniendo a la persona en el centro y promoviendo así un aprendizaje holístico y multidimensional. El enfoque de *Skills&Art* transforma la manera en que los participantes interactúan con el desarrollo del pensamiento crítico, creativo y habilidades de pensamiento en general. Esta innovación didáctica prepara a los participantes para enfrentar los desafíos del futuro y que contribuyan a la construcción de una sociedad más innovadora, inclusiva y consciente que no esté dominada por la IA sino por el ser humano.

Desde esta perspectiva, podemos desbloquear el potencial de la inteligencia artificial a través de habilidades de pensamiento analítico, crítico y creativo, que nos permiten descomponer problemas complejos y desarrollar soluciones eficaces. Así como aplicar la IA de forma novedosa para resolver problemas existentes o crear las nuevas oportunidades que el mundo necesita.

Por otra parte, *Skills&Art* desarrolla las habilidades de comunicación y colaboración al traducir conceptos complejos emanados de las obras de arte en términos expresivos. Especialmente cuando presenta de manera clara y convincente, la interacción con la obra y la habilidad a desarrollar.

Desbloquear el potencial de la IA implica desarrollar una combinación equilibrada de habilidades blandas, de pensamiento crítico y creativo, de comunicación y colaboración. Al cultivar estas habilidades, no solo se adquiere una preparación para trabajar eficazmente, también contribuye a la creación de discursos innovadores que pueden tener un impacto positivo en las personas.

Finalmente, desarrollar habilidades es importante para desbloquear la IA porque esta carece del juicio humano necesario para la toma de buenas decisiones y su dependencia provoca la pérdida de habilidades humanas.

*Parte I*

# De una innovación didáctica disruptiva al desarrollo de habilidades

*"La educación no es llenar un cubo, sino encender un fuego"*

*William Butler Yeats*

## 1.1. PROYECTO DE INNOVACIÓN EDUCATIVA

Un proyecto de innovación educativa puede ser un plan estratégico diseñado para introducir cambios significativos y mejoras en el ámbito educativo. Estos proyectos suelen estar dirigidos por educadores o equipos multidisciplinarios que buscan abordar desafíos específicos, aprovechar oportunidades emergentes o mejorar la calidad y relevancia del proceso educativo.

Un proyecto de innovación educativa implica la introducción de ideas novedosas y distintivas para mejorar los métodos de enseñanza y aprendizaje, con el objetivo de mejorar los resultados y el rendimiento académico de los participantes. A menudo incluye elementos de creatividad para involucrar a los participantes en experiencias de aprendizaje interactivas e innovadoras. En términos prácticos, un proyecto de innovación educativa puede abarcar una amplia gama de áreas, como el diseño curricular, la pedagogía, el uso de tecnología en el aula, la evaluación del aprendizaje, la inclusión y la equidad educativa, entre otros. Estos proyectos suelen implicar un proceso de investigación, planificación, implementación y evaluación, con el objetivo final de mejorar la experiencia de enseñanza y aprendizaje y promover el éxito estudiantil.

Es importante destacar que los proyectos de innovación educativa se centran en la introducción de prácticas, enfoques o recursos que promuevan un cambio significativo y positivo en la forma en que se enseña y se aprende. Estos proyectos suelen estar respaldados por evidencia y teorías educativas, y se adaptan a las necesidades y contextos específicos de los estudiantes, educadores y comunidades escolares involucradas.

En resumen, un proyecto de innovación educativa es una iniciativa estratégica que busca transformar y mejorar la educación a través de cambios significativos y deliberados en prácticas, políticas y procesos educativos donde   la creatividad juega un papel importante.

Luis Bassat (2014), en su libro "La creatividad" habla de las tres características fundamentales para que consideremos que algo pueda considerarse creativo (figura 1):

1. Hacer algo distinto, original.

2. Hacer algo mejor, es decir, hacer algo diferente y superior a como se ha hecho hasta ese momento y

3. Lograr que se convierta en el nuevo modelo a seguir, o la nueva manera de hacer.

## Figura 1. Características de la creatividad

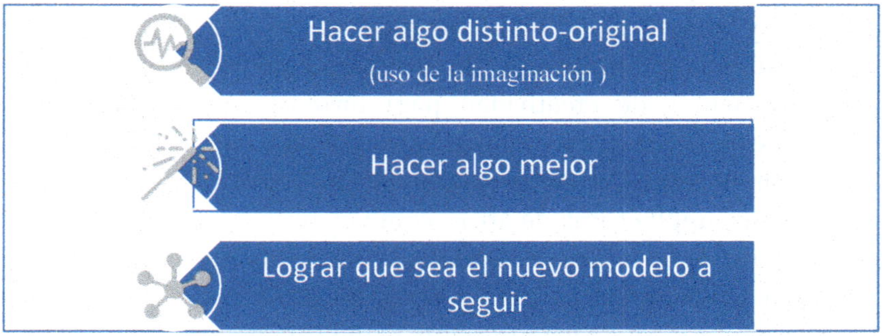

Hacer algo distinto-original
(uso de la imaginación )

Hacer algo mejor

Lograr que sea el nuevo modelo a seguir

**Fuente:** elaboración propia basado en Bassat (2014). *La creatividad.*

Pero ¿cuál es la diferencia entre creatividad e innovación? ¿porqué hablamos de una innovación didáctica disruptiva? Porque la creatividad es el uso de la imaginación para crear la metodología, mientras que la innovación es la implementación del modelo de innovación didáctica.

## 1.2. DE UNA INNOVACIÓN A UNA INNOVACIÓN DIDÁCTICA

Algunos autores distinguen cuatro niveles en el conocimiento humano: sensible, racional, intelectual y personal. Esta distinción es jerárquica de modo ascendente, es decir que los niveles cognoscitivos superiores conocen más que los inferiores. *Skills&Art* abarca todos los niveles del conocimiento. Porque tenemos un ámbito interior al que es necesario acudir con frecuencia, para que se convierta en el vestíbulo de acceso a nuestro mundo exterior. Si nuestra conducta no emergiera de esas posiciones interiores, si no fuera una explicitación de nuestros criterios personales, si nuestro mundo interior no fuera el origen de nuestra actividad, ésta devendría en un puro activismo despersonalizado.

Pasar de la innovación general a la innovación didáctica implica aplicar nuevas prácticas y metodologías en entornos educativos para abordar los desafíos cambiantes . Esta transición a menudo incluye aprovechar tecnologías como las TIC para mejorar los entornos de aprendizaje y fomentar la colaboración entre los participantes. La investigación enfatiza el impacto positivo de los enfoques didácticos innovadores en la expresión creativa y el conocimiento artístico de los participantes en las escuelas secundarias. La integración de estos conocimientos puede conducir a un cambio integral hacia la innovación didáctica en las prácticas educativas.

Podemos decir que de una innovación a una innovación didáctica hay un viaje que implica transformar nuevas ideas en herramientas efectivas para mejorar el proceso de enseñanza y aprendizaje (figura 2).

# Figura 2. Proceso de innovación didáctica.

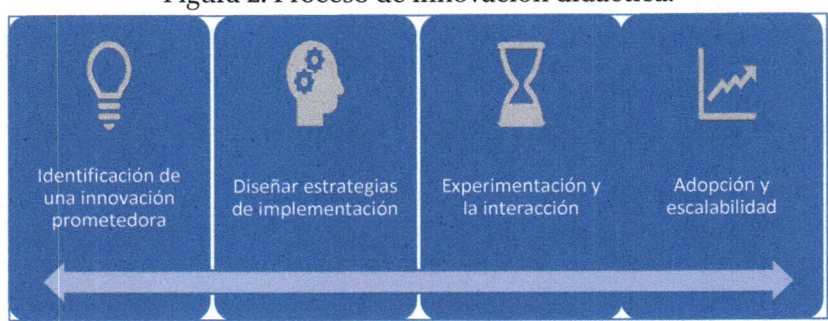

**Fuente:** elaboración propia

Como vemos en la figura anterior, la primera etapa de este proceso es la identificación de una innovación prometedora, ya sea una nueva metodología pedagógica, una herramienta tecnológica o un enfoque educativo alternativo. Esta innovación inicial puede surgir de diversas fuentes, como la investigación académica o la creatividad individual de los educadores.

Una vez identificada la innovación, el siguiente paso es adaptarla al contexto educativo y convertirla en una innovación didáctica. Esto implica diseñar estrategias de implementación que integren la innovación en el currículo existente, considerando factores como los objetivos de aprendizaje, las necesidades de los participantes y los recursos disponibles. Es importante que esta adaptación se realice con un enfoque centrado en el aprendizaje, priorizando el impacto positivo en la experiencia educativa de los participantes.

La tercera fase del proceso implica la experimentación y la interacción. Una vez que la innovación se ha integrado en el aula, es importante recopilar datos y retroalimentación para evaluar su efectividad y realizar ajustes según sea necesario. Esto puede implicar la realización de pruebas piloto, la observación de clases y la recopilación de opiniones de los participantes y educadores. Esta retroalimentación informada es fundamental para ir refinando y mejorando la innovación didáctica con el tiempo. Esto no es solo una propuesta teórica: es un enfoque que ya hemos puesto en práctica, como el lector podrá comprobar más adelante cuando hablemos de las publicaciones en revistas científicas que avalan los resultados obtenidos.

Finalmente, el proceso de llevar una innovación a una innovación didáctica culmina en su adopción y escalabilidad. Una vez que se ha demostrado su eficacia y se han realizado las mejoras necesarias, la innovación puede integrarse en la práctica educativa en una escala más amplia. Esto puede implicar la capacitación de educadores, la actualización de políticas educativas y la difusión de las mejores prácticas a través de comunidades profesionales y redes de aprendizaje.

En última instancia, el objetivo es que la innovación didáctica tenga un impacto positivo y sostenible en la educación, mejorando los resultados de aprendizaje y preparando a los participantes para enfrentar los nuevos desafíos.

### 1.2.1. ¿Por qué es innovación didáctica?

La innovación didáctica es fundamental para abordar nuevos desafíos educativos y mejorar las prácticas docentes.[1] Veamos el por qué:

En primer lugar, porque sacamos al participante de los habituales ámbitos de aprendizaje: la propia organización o el aula y lo trasladamos al Museo. Esto genera un desconcierto total que lo saca fuera de la caja.

---

[1] Antonio, J. Mendoza-Fernández., Fabián, Martínez-Hernández., Esteban, Salmerón-Sánchez., Francisco, J., Pérez-García., Encarnación, Merlo., Juan, F., Mota. (2023). Propuesta de Innovación Didáctica a través del Monitoreo de la Biodiversidad Amenazada. Revista de investigación de ecología y ciencias ambientales, doi: 10.31586/rjees.2023.495

En segundo lugar, porque la herramienta que utilizamos para que el participante acuda a su ámbito interior, logrando generar una línea de pensamiento sin intermediarios, es la obra de arte. Consideramos que el arte y la cultura no son un simple instrumento didáctico, sino parte esencial de la educación del ser humano como persona, y de la sociedad a la que pertenece. Cuando nos situamos delante de un cuadro se nos ofrece la posibilidad de cuestionar, contemplar y dialogar con la realidad. La tradición filosófica clásica desde Aristóteles a la actualidad siempre ha sostenido que lo bello es algo que atrae y que no deja indiferente a la persona. El contacto con el arte, como sabiduría intelectual, logra una perfección mayor que la simple técnica. Lo que provoca que el contacto con el hecho artístico contenga las condiciones óptimas para poder desarrollar habilidades que son propiamente humanas.

Además, a través del arte, se altera la forma de observar el mundo. Se ven colores, luces, detalles y oportunidades allí donde antes no se veía nada. Se ve orden y se encuentran respuestas. Nunca se vuelve a ver igual. El arte contiene todo cuanto necesitamos para perfeccionar nuestra observación, nuestra percepción y nuestra pericia comunicativa. El arte nos ayuda a sacudir nuestra visión del mundo y cambiar de perspectiva. Y nos permite hacer tal cosa porque lo vemos en infinidad de lugares, porque pone de manifiesto temas concernientes a la naturaleza humana en toda su complejidad y porque a menudo nos incomoda. Y, la incomodidad y la incertidumbre sacan a relucir lo mejor de nuestro cerebro.

Cuando nos vemos forzados a emplear nuestras destrezas personales y profesionales en un contexto extraño, como lo es para la mayoría de la gente el análisis del arte, movilizamos un proceso de pensamiento completamente nuevo. El arte nos transporta lejos de nuestra vida cotidiana para replantearnos nuestra visión, nuestra percepción y nuestra comunicación. Todos tenemos el talento para observar y hacer descubrimientos que conducirán a cosas más importantes en infinidad de campos, pero primero hemos de estar preparados para ver.

Cuando preparamos nuestra mente para observarlo y absorberlo todo, y para descubrir las posibilidades de nuestro entorno y en nuestro interior, nos abrimos al éxito en nuestra propia vida. La observación no es una simple mirada pasiva, sino un proceso mental de implicación activa.

Así lo demuestra también la teoría de la artista y educadora Betty Edwards (2012)[2], quien enseñó que aprender a dibujar no depende del talento, sino de la capacidad de ver con una percepción afinada. Su método propone cinco pasos que permiten cambiar el modo mental, entrenar la observación de contornos, comprender relaciones espaciales, percibir luces y sombras y, finalmente, integrar una visión total. Pero lo verdaderamente transformador de su planteamiento es que no vemos con los ojos, sino con el cerebro. Los ojos son parte del sistema nervioso central y la retina se desarrolla, embriológicamente, como una extensión del propio tejido cerebral. Esto significa que mirar es pensar. Y si cambiamos la forma en que miramos, también cambiamos la forma en que pensamos, sentimos y decidimos. En *Skills&Art*, esta idea es fundamental: cuando un participante observa una obra de arte desde esta conciencia perceptiva, no solo la contempla, sino que se ve a sí mismo a través de ella. Empieza haciéndole preguntas a la imagen, y termina escuchando las preguntas que la obra le devuelve. Y es precisamente desde ahí —desde ese lugar donde el asombro se convierte en cuestionamiento y las preguntas estéticas se transforman en preguntas existenciales— donde somos capaces de dar respuestas que nos llevan a una transformación real: un liderazgo más pleno, más honesto y más auténtico.

2.    Edwards, B. (2012). *Drawing on the right side of the brain: The definitive, 4th edition*. Tarcher Perigee

En tercer lugar, porque tal y como sugiere Covey en su libro "Los siete hábitos de la gente altamente efectiva"[3], cuando uno cambia el de rol de discípulo al de maestro, asumiendo un enfoque de adentro afuera, la diferencia en el proceso mental y emocional es notable. No sólo se recuerda mejor, sino que se amplía la perspectiva, se profundiza en la comprensión y se desarrolla la motivación para implementar lo aprendido. Adicionalmente, el impacto que reciben aquellos a quienes enseñamos es muy inspirador. Nos ven cómo una persona que cambia y evoluciona y estarán más dispuestos a brindarnos ayuda y apoyo. Se refuerza el trabajo en equipo.

### 1.2.2. ¿Por qué una innovación disruptiva?

La Real Academia Española define la disrupción como rotura o interrupción brusca. Por tanto, la educación disruptiva es aquella que rompe con lo establecido para mejorar lo existente.

Una innovación didáctica disruptiva es decisiva en el ámbito educativo por varias razones esenciales. Podemos decir múltiples razones, pero solo nos remitiremos a las más relevantes. En primer lugar, el mundo está en constante evolución, con avances tecnológicos y cambios sociales que requieren adaptaciones en la forma en que enseñamos y aprendemos. Una innovación disruptiva puede ofrecer nuevas herramientas y métodos que permiten a los participantes desarrollar habilidades necesarias para el siglo XXI, como pensamiento crítico, analítico, resolución de problemas, creatividad, resiliencia y colaboración entre otras.

En segundo lugar, una innovación disruptiva puede abordar las brechas de aprendizaje y mejorar la inclusividad en el aula. Al diversificar los métodos de enseñanza y proporcionar múltiples puntos de acceso al conocimiento, se pueden atender las necesidades individuales de los

---

3.    Covey, S. (1990). *Los siete hábitos de la gente altamente efectiva*. Espasa Libros S.L.U. Barcelona. p 87

participantes, independientemente de su estilo de aprendizaje o nivel de habilidad. Esto puede ayudar a reducir las disparidades educativas y garantizar que todos los participantes tengan la oportunidad de alcanzar su máximo potencial.

Además, una innovación disruptiva fomenta la creatividad y la motivación intrínseca en los participantes al romper con las estructuras tradicionales y permitir un mayor grado de autonomía y exploración. Al involucrar a los participantes en experiencias de aprendizaje activas y significativas, se promueve un sentido de empoderamiento y responsabilidad en su propio proceso de aprendizaje, lo que a su vez puede conducir a un mayor compromiso y rendimiento académico.

Por último, una innovación disruptiva en la educación puede preparar a los participantes para enfrentar los desafíos del futuro y ser ciudadanos globales informados y reflexivos. Al fomentar habilidades como el pensamiento analítico y la resolución de problemas, se equipa a los participantes con las herramientas necesarias para adaptarse y prosperar en un mundo en constante cambio.

Recapitulando, una innovación didáctica disruptiva es esencial para promover un aprendizaje significativo y equitativo que prepare a los participantes para el éxito en el siglo XXI.

## 1.3. IMPORTANCIA EDUCATIVA DE UNA INNOVACIÓN DIDÁCTICA DISRUPTIVA

La innovación didáctica disruptiva juega un papel decisivo en la mejora de los procesos educativos al fomentar competencias investigativas, el desarrollo del conocimiento científico y acciones transformadoras entre los participantes[4]

En tal sentido, la importancia viene dada por las características que deberán tener esos trabajadores de pensamiento y que Xavier Marcet[5] clasifica en cinco:

La primera la capacidad de hacer preguntas clave, que marquen el perímetro y pongan el foco. La IA da respuestas, pero las preguntas las ponemos nosotros, la valoración y la redefinición de las respuestas también.

La segunda la capacidad de establecer una relación funcional con las tecnologías de datos. Las máquinas no formarán parte del equipo, pero no habrá equipos de alto rendimiento al margen de un uso hábil de los datos y de la IA.

La tercera, la capacidad de aprender, creando una síntesis personal entre los nuevos conocimientos o nuevas herramientas y la propia trayectoria.

Cuarta, capacidad de construir síntesis de equilibrio entre las máquinas y las personas. Los trabajadores del pensamiento son el producto de una nueva síntesis entre las ingenierías y el humanismo.

Por último, la quinta, los trabajadores del pensamiento avanzados saben que el estadio superior siempre está en alcanzar la sencillez y re-

---

4. Ibis, López., Manuel, Padilla., Mario, Chauca., Llerme, Núñez., Lilia, Flores. (2021). Innovación disruptiva basada en la didáctica universitaria en el desarrollo de competencias investigativas en estudiantes de universidades públicas. doi: 10.1109/ICIET51873.2021.9419602

5. Marcet, X. (2024). Trabajadores del pensamiento. La Vanguardia. 18.II.2024

valorizar el sentido común. En gran medida la IA devine solo un problema cuando perdemos el sentido común, ese que nunca tendrán las máquinas.

Basados en estos planteamientos la importancia educativa de una innovación didáctica disruptiva consiste en su capacidad para transformar radicalmente la forma en que enseñamos y aprendemos, adaptándose a las demandas de un mundo en constante cambio. Estas innovaciones desafían los métodos tradicionales de enseñanza, introduciendo nuevas tecnologías, metodologías pedagógicas y enfoques educativos que pueden revolucionar la experiencia de aprendizaje. Esto motiva a los participantes al ofrecerles nuevas formas de interactuar con el contenido y participar activamente en su propio proceso de aprendizaje.

Además, las innovaciones didácticas disruptivas tienen el potencial de cerrar brechas educativas al proporcionar acceso equitativo al conocimiento y adaptarse a las diversas necesidades de los participantes. Al ofrecer múltiples puntos de entrada al aprendizaje y personalizar la experiencia educativa, estas innovaciones pueden ayudar a abordar desafíos como la diversidad de habilidades, estilos de aprendizaje y contextos socioeconómicos dentro del aula.

Otra razón fundamental para la importancia de las innovaciones disruptivas en la educación es su capacidad para fomentar habilidades clave como el pensamiento crítico, la creatividad, la colaboración y la resolución de problemas. Al alejarse de los enfoques tradicionales centrados en la memorización y la reproducción mecánica de información, estas innovaciones enfatizan el desarrollo de habilidades que son esenciales para el éxito en un mundo cada vez más complejo y tecnológico.

Además, las innovaciones didácticas disruptivas pueden mejorar la eficiencia y la eficacia del proceso educativo al optimizar los recursos disponibles y maximizar el tiempo de enseñanza y aprendizaje. Esto puede lograrse ofreciendo retroalimentación instantánea a los participantes y facilitar la colaboración y el intercambio de recursos entre educadores.

*Parte II*
# Innovación Didáctica Disruptiva Skills&Art: Fundamentos teóricos

## 2.1. DEMANDA DE HABILIDADES PARA EL DESARROLLO HUMANO

Este enfoque de la innovación didáctica disruptiva busca transformar los métodos tradicionales de enseñanza al integrar de manera dinámica y creativa diversas disciplinas, como las habilidades (*Skills*) y el arte (*Art*). Este modelo teórico se fundamenta en la idea de que la educación debe ir más allá de la simple transmisión de conocimientos, promoviendo un aprendizaje activo, crítico y colaborativo. La combinación de habilidades y arte en la pedagogía no solo enriquece el proceso educativo, sino que también prepara a los participantes para enfrentar los desafíos del mundo real con una mentalidad innovadora y adaptable.

En este sentido, desde la instauración del Espacio Europeo de Educación Superior (EEES), con la Declaración de Budapest-Viena de marzo de 2010[6], la adquisición de competencias orientadas al aprendizaje continuo ha sido un eje central de la educación, con el objetivo de favorecer la empleabilidad, la inclusión social y la participación activa de la ciudadanía.

La definición y clasificación de estas competencias ha evolucionado con el tiempo. En 2020, debido a las diferencias en las competencias y

---

6.   European Ministers of Higher Education. (2010). *Budapest-Vienna Declaration on the European Higher Education Area.* http://www.ehea. info/Upload/document/ministerial_declarations/Budapest-Vienna_ Declaration_598005.pdf

las características identificadas en varios marcos de aprendizaje y educación socioemocional por organizaciones líderes a nivel mundial, el Programa Erasmus de la Unión Europea lanzó un interesante proyecto: LifeComp (2020)[7].

Este marco conceptual brindó un entendimiento común y un lenguaje compartido a nivel europeo para respaldar iniciativas que aseguren que todas las personas en Europa adquieran estas competencias para la vida, tanto como sea posible, a través de la educación, incluyendo la educación no formal e informal y los diferentes niveles de educación formal. Este proyecto estableció que, para enfrentar situaciones vitales complejas, los ciudadanos europeos necesitan desarrollar continuamente competencias que les permitan manejar con éxito los desafíos que surgen en su trabajo, en su vida personal y en la sociedad. Los individuos deben enfrentar la incertidumbre, fortalecer su resiliencia, crecer a nivel personal, establecer relaciones interpersonales satisfactorias y aprender a aprender.

El camino para convertirse en ciudadanos autorregulados, empáticos y flexibles siempre tiene una dimensión social. Por lo tanto, el proyecto delimitó tres áreas de competencias: Área personal (resiliencia, flexibilidad), área social (empatía, colaboración, comunicación) y área de aprender a aprender (pensamiento crítico, gestión del aprendizaje). Además, el informe sobre el futuro del trabajo del Foro Económico Mundial de 2020[8] destacó la importancia de las habilidades blandas al enumerar las habilidades clave para enfrentar los desafíos emergentes y

---

7.   Sala, A., & Gómez-Chacón, I. M. (2020). *LifeComp: The European framework for personal, social and learning to learn key competence.* Publications Office of the European Union.

8.   World Economic Forum. (2020). *The future of jobs report 2020.* World Economic Forum. https://www.weforum.org/reports/the-future-of-jobs-report-2020

futuros como resultado de la transformación digital en la que estamos inmersos. Es importante fomentar estas habilidades entre los jóvenes, ya que impactan en los comportamientos de liderazgo que exhiben una vez que son adultos en el entorno laboral.

En la misma línea, el último informe del Foro Económico Mundial, publicado en enero de 2025[9], profundiza en la evolución del mercado laboral y en las habilidades necesarias para adaptarse a los cambios tecnológicos, económicos y sociales. El informe destaca que, aunque las habilidades tecnológicas como la inteligencia artificial, el *big data* y la ciberseguridad serán cada vez más demandadas, las competencias humanas seguirán siendo fundamentales.

Entre las que experimentarán un mayor crecimiento en importancia se encuentran el pensamiento creativo, la resiliencia, la flexibilidad y la agilidad, la curiosidad, el aprendizaje continuo, el liderazgo e influencia social, la gestión del talento y el pensamiento analítico, entre otras.

Estas habilidades son esenciales para el desarrollo humano, ya que permiten a las personas adaptarse a entornos laborales en constante cambio, enfrentar desafíos complejos y contribuir de manera efectiva en sus comunidades y organizaciones. La promoción y el desarrollo de estas competencias no solo mejoran la empleabilidad, sino que también fomentan un liderazgo auténtico y una participación activa en la sociedad.

## 2.2. EL MODELO DE GESTIÓN HUMANISTA

Las personas trabajan para satisfacer tanto sus necesidades como sus apetencias. El desacuerdo, sin embargo, aparece cuando se concretan estas últimas. Mientras que las necesidades tienden a ser univer-

---

9.    World Economic Forum. (2025). *The future of jobs report 2025.* https://www.weforum.org/publications/the-future-of-jobs-report-2025/

sales y compartidas —como el deseo de seguridad, reconocimiento o pertenencia—, las apetencias son particulares, cambiantes y subjetivas. Expresan preferencias individuales más vinculadas a lo emocional, lo inmediato o lo personal. Por eso, aunque ambas motivan la acción, el conflicto suele surgir cuando lo que una persona desea no coincide con lo que desea otra. Según Pérez López (1991), el modo de entender al ser humano condiciona la manera de gestionar a las personas, lo que da lugar a distintos modelos de empresa y a estilos de dirección:

a) En el Modelo Mecanicista se enfatiza la importancia de la estructura organizativa, los roles y la descripción de las responsabilidades laborales, con el objetivo de lograr eficacia mediante la maximización de beneficios. En este enfoque, prevalece el liderazgo transaccional, caracterizado por una influencia basada principalmente en incentivos y sanciones para motivar a los colaboradores. El líder transaccional suele ser un eficiente administrador, que busca la mejora continua a través de la estandarización, el orden y la repetición de procesos ya establecidos y probados. Se centra en el corto plazo y gestiona los recursos de manera eficaz, adoptando un estilo directivo de "ordeno y mando" que pone énfasis en el control y el uso del poder formal.

b) En el enfoque psicosocial, se busca no solo lograr eficacia, sino también obtener resultados y preparar a la organización para enfrentar nuevos desafíos, lo que hace que la empresa sea más atractiva para sus empleados. Se apela a motivaciones intrínsecas, se valora la permanencia basada en desafíos y aprendizaje, no solo en la compensación económica recibida por el trabajo, sino también en la propia labor: el atractivo que representan los retos y el crecimiento personal.

Este modelo considera no solo la estrategia, la estructura y los sistemas formales, sino también la estructura real, los estilos de liderazgo y la competencia distintiva. Representa un avance respecto al modelo mecanicista, aunque sigue teniendo una visión parcial de la persona. En este contexto, encontramos líderes transformadores, cuyo liderazgo se caracteriza por una influencia profesional significativa. La influencia de un líder transformador va más allá de simplemente ofrecer "recompensas y castigos", ya que también brinda la oportunidad de aprendizaje y compromiso. Este tipo de líder es innovador, visionario y carismático, y constantemente cuestiona la forma en que se hacen las cosas en las empresas. Por lo general, es un líder con habilidades de comunicación excepcionales, capaz de inspirar, persuadir, confiar en sí mismo y en su visión, demostrar determinación y energía para llevar a cabo los cambios que propone.

c) El modelo antropológico o humanista, parte de una visión integral del ser humano. Además de la eficacia y la atracción, se busca la unidad y la identificación de los colaboradores con la empresa y su propósito. En este enfoque, el liderazgo se define por una relación de influencia personal, donde el colaborador se compromete personalmente con el líder para llevar a cabo una misión común que consideran valiosa. El líder trascendente influye de manera profunda, no solo a través de premios y castigos, sino también apelando a la necesidad que otros tienen de su trabajo bien realizado por un sentido de propósito.

Este líder está fuertemente comprometido con un proyecto significativo y muestra a sus colaboradores cómo su trabajo contribuye a su realización. Predica con el ejemplo, transmitiendo un sentido de urgencia y fomentando el desarrollo de líderes a través del sentido de pertenencia. Está al servicio de la misión, desprendiéndose de su propio criterio y posición cuando es necesario. Comparte el éxito con sus colaboradores y se interesa por alinear sus motivaciones con la organización, impulsando una misión que valga la pena tanto interna como externamente. El líder trascendente influye a través del servicio y la interiorización de valores compartidos, promoviendo la responsabilidad de los colaboradores para llevar a cabo la misión de la empresa.

En el modelo de gestión humanista se reconoce que las personas no solo trabajan por un salario o por estímulos externos, sino que también buscan sentido, desarrollo y conexión en lo que hacen. Por eso, este modelo no se limita a satisfacer necesidades materiales o cognitivas, sino que integra también las afectivas, propias de un nivel más profundo de motivación. Cuando una empresa gestiona desde este enfoque, está operando en lo que podríamos llamar un nivel tres: aquel en el que se contempla al ser humano en su totalidad. La siguiente tabla permite visualizar de manera clara cómo se articulan los tres tipos de necesidades —materiales, cognoscitivas y afectivas— y qué implicaciones tiene cada una en la relación entre empresa, trabajador y cliente.

Figura 3. Qué se debe dar y que se puede esperar recibir

| NECESIDADES HUMANAS | QUÉ LE PUEDE DAR LA EMPRESA AL EMPLEADO | QUÉ SE PUEDE PEDIR AL EMPLEADO | DIMENSIÓN DE LA ORGANIZACIÓN | |
|---|---|---|---|---|
| Psico-corpóreas | Dinero, *status*, información, contrato de trabajo, premios o castigos | Bienes, servicios, productividad, cumplir el contrato laboral, función formal, tarea | Eficacia | ESTRATEGIA |
| Cognoscitivas | Equipos autodirigidos, enriquecimiento del puesto, *empowerment*, cauces de acción, etc. | Iniciativa, creatividad, sugerencias, ideas, ingenio, poner atención en lo que hace | Atractividad | SABER DISTINTIVO |
| Afectivas | Ayuda para superarse como persona, gratitud, estima, confianza, justicia, equidad | Lealtad, identificación, actitud de servicio, capacidad de sacrificio por la empresa, gratitud | Unidad o confianza mutua | MISIÓN INTERNA |

**Fuente:** Elaboración propia a partir de Ferreiro, P. & Alcázar, M. (2019). Gobierno de personas en la empresa. PAD Escuela de Dirección.

## 2.3. LA TEORÍA DEL CONOCIMIENTO HUMANO. IDEAS FUERZA DEL ENFOQUE

Cuando hablamos de innovación educativa, nos referimos a cambios en la forma en que se enseña y se aprende, especialmente a través de la integración del arte en los métodos y recursos educativos. Una innovación disruptiva implica un cambio significativo que rompe con lo tradicional al introducir nuevas acciones u opciones que transforman la forma en que se enseña, integrando diferentes áreas de conocimiento con beneficios múltiples y reducción de costos para mejorar lo ya existente.

## 2.4. APRENDIZAJE ACTIVO Y ESTRATEGIAS DE APRENDIZAJE

El Aprendizaje Activo es un enfoque de enseñanza en el que los participantes se insertan en un proceso de aprendizaje mediante el desarrollo del conocimiento y la comprensión. El Aprendizaje Activo requiere que los participantes reflexionen y practiquen utilizando nuevos conocimientos y habilidades a fin de desarrollar recuerdos a largo plazo y una comprensión más profunda. Esta última también les permitirá conectar distintas ideas entre sí y pensar de manera creativa.

Algunas características de este tipo de aprendizaje:

Aprendizaje centrado en el participante.

Los participantes juegan un papel activo en su proceso de aprendizaje, necesitan involucrarse y ser conscientes de su propio aprendizaje.

Aprendizaje basado en la investigación

En la resolución de problemas y en descubrimientos. Los participantes aprenden a través del abordaje o de preguntas, del análisis de pruebas, del conectar dichas pruebas con conocimientos preexistentes, de sacar conclusiones y reflexionar sobre sus hallazgos

Aprendizaje empírico

En términos generales, describe el aprendizaje a través de la experiencia directa.[10]

---

10.   https://www.cambridgeinternational.org/Images/579618-active-learning-spanish-.pdf

## 2.5. *SKILLS&ART*: UNA RESPUESTA A LA ERA DEL PENSAMIENTO

*Skills&Art* surge como una metodología diseñada para responder a los desafíos del presente, donde la inteligencia artificial y la sobreabundancia de información están redefiniendo la forma en que trabajamos, aprendemos y lideramos. En este contexto, ya no basta con acumular conocimientos técnicos ni con gestionar datos de forma eficiente. Necesitamos personas capaces de pensar con autonomía, de formular las preguntas adecuadas y de generar sentido en medio de la complejidad.

Como sostiene Xavier Marcet en su artículo "Trabajadores del pensamiento"[11], estamos transitando desde el *management* de la era industrial, centrado en los trabajadores manuales, y de la era digital, basada en los trabajadores del conocimiento, hacia un nuevo paradigma: el de los trabajadores del pensamiento. Son personas cuya principal competencia es su capacidad para pensar, decidir, operar e impactar. Personas capaces de equilibrar la relación entre la inteligencia artificial y la inteligencia humana desde una perspectiva profundamente humana, sensata y creativa.

En este contexto, *Skills&Art* propone un enfoque pedagógico transformador que coloca el pensamiento en el centro del proceso de aprendizaje. A través del arte como estímulo cognitivo y emocional, esta metodología desarrolla habilidades como el pensamiento crítico, analítico, estratégico y creativo, permitiendo al alumnado formular preguntas potentes, interpretar símbolos, tomar decisiones complejas y liderar con autenticidad.

---

11.     Marcet, X. (2024, 4 de febrero). *Trabajadores del pensamiento*. XavierMarcet. com. https://www.xaviermarcet.com/2024/02/trabajadores-del-pensamiento. html

Marcet señala que los trabajadores del pensamiento son quienes monopolizarán las preguntas —no solo porque las máquinas pueden dar algunas respuestas, sino porque la estrategia, la singularidad y los valores siempre nacerán de las preguntas humanas. Y hacer preguntas, recuerda, requiere saber pensar. *Skills&Art*, precisamente, enseña a pensar desde el ser, desde la singularidad de cada participante, cultivando el autoconocimiento y el propósito personal como brújula para navegar un mundo cada vez más cambiante y ambiguo.

En un entorno globalizado, interconectado y en constante transformación, marcado por la automatización y la desinformación, *Skills&Art* se posiciona como una herramienta formativa imprescindible. No solo porque capacita en habilidades de pensamiento —esas que, como recuerda Marcet, serán la fuente de la competitividad real cuando la tecnología se haya democratizado—, sino porque conecta estas habilidades con la dimensión ética, relacional y creativa del liderazgo.

En definitiva, *Skills&Art* no es solo una respuesta pedagógica a la complejidad del presente. Es una declaración de intenciones: apostar por un liderazgo humanista y consciente, donde pensar es también un acto de creación, de conexión y de transformación.

## 2.6. INSIGHTS Y HALLAZGOS CLAVE SOBRE *SKILLS&ART* EN LA INVESTIGACIÓN ACADÉMICA

La metodología *Skills&Art* fue incluida por iniciativa de la catedrática Inmaculada Berlanga en el proyecto de investigación "Desarrollo de habilidades de liderazgo basado en la comunicación experiencial del arte *Skills&Art*", llevado a cabo en la Universidad Internacional de La Rioja (UNIR). Este proyecto tiene como objetivo validar la eficacia y eficiencia de la metodología para el desarrollo de competencias de liderazgo mediante la experiencia artística y reflexiva.

Queremos destacar las conclusiones de dos de las publicaciones más relevantes:

La publicación titulada *"Proposal of a Disruptive Didactic Innovation for the Development of Leadership Skills Through the Arts: Skills&Art"* (Berlanga, Pérez-Pérez, Palella & Cardona, 2024)[12] recoge los resultados de un estudio que valida la eficacia y eficiencia de la metodología. La investigación confirma que *Skills&Art* es una herramienta eficaz para desarrollar competencias directivas avanzadas, como el pensamiento crítico, la resolución de problemas, la innovación, la creatividad y la comunicación, mediante una experiencia estética y reflexiva. Además de favorecer una comprensión profunda de los valores personales y profesionales, que orientan hacia un modelo de liderazgo auténtico e integral.

El estudio emplea un enfoque de *Teaching Experiment* dentro del marco de *Design Research*, una metodología cualitativa aplicada en el ámbito de las ciencias del aprendizaje. El proceso se estructuró en las cuatro fases de la metodología: *Discovery* (autoanálisis y selección de una obra de arte y una habilidad), *Staging* (presentación del discurso ante la obra de arte), *Feedback* (recepción y análisis de la retroalimentación) y *Mentoring* (elaboración de un plan de desarrollo personal y profesional).

Los resultados cualitativos y cuantitativos muestran que la metodología genera un impacto positivo en el desarrollo de competencias clave. Los participantes demostraron mejoras significativas en pensamiento analítico, resolución de problemas, innovación, creatividad, comunicación y resiliencia. La retroalimentación recibida permitió consolidar los aprendizajes y diseñar un plan estratégico de mejora personal y profesional. La eficacia de la metodología quedó reflejada en el índice de fiabilidad de la escala de Likert utilizada para la autoevaluación de las

12. Berlanga, I., Pérez-Pérez, L., Palella, S., & Cardona, P. (2024). Proposal of a Disruptive Didactic Innovation for the Development of Leadership Skills Through the Arts: Skills & Art. *International Journal of Instruction*, 17(4), 441-458. https://doi.org/10.29333/iji.2024.17425a

competencias adquiridas, que obtuvo un valor de 0,83, con puntuaciones altas en efectividad, eficiencia y autovaloración del aprendizaje.

La publicación destaca que *Skills&Art* es una innovación disruptiva porque integra el arte y la experiencia estética como herramientas para la adquisición de competencias de liderazgo. A diferencia de otras metodologías, *Skills&Art* permite desarrollar un conjunto completo de competencias en una sola actividad, fomentando una comprensión profunda y reflexiva de los valores personales y profesionales. Los resultados reflejan que esta metodología no solo fortalece las habilidades de liderazgo, sino que también impulsa la creatividad, el pensamiento estratégico y la toma de decisiones en contextos complejos. La combinación de arte y aprendizaje experiencial promueve un modelo de liderazgo auténtico, basado en la integración de la razón, la emoción y la creatividad en la gestión y toma de decisiones.

Otra publicación relevante es el artículo *"Positive Emotions in Education: Experiential Communication through Art"*, que analiza cómo la integración del arte en la educación no solo estimula el pensamiento crítico y el aprendizaje experiencial, sino que también genera emociones positivas que favorecen el desarrollo personal del alumnado. La investigación se basa en un diseño mixto, que combina análisis cualitativo y cuantitativo para evaluar el impacto de una experiencia educativa centrada en el arte. El estudio examinó discursos de participantes de distintos niveles educativos (preuniversitario, grado y posgrado) tras una actividad didáctica en la que el alumnado debía relacionar una obra de arte con una habilidad de liderazgo.

El análisis cualitativo revela que el 77% de los discursos incluyeron referencias personales y experiencias de vida para explicar una habilidad, mientras que el 94% de los discursos incorporaron una apelación directa a la audiencia para generar conexión y motivación. El estudio también muestra un uso significativo de figuras retóricas (8,3 por participante de media), destacando la metáfora como la figura más empleada (48%), seguida de la personificación (15%) y la pregunta retórica (13%).

El análisis cuantitativo, realizado mediante una escala de Likert, muestra un alto desarrollo de habilidades como el pensamiento crítico (4,6 sobre 5), la resolución de problemas (4,6), la creatividad (4,7) y las estrategias de aprendizaje (4,3). La resiliencia y flexibilidad obtuvieron una valoración algo inferior (4,3), pero igualmente positiva. El análisis de sentimiento reveló que el 68,7% de los términos empleados por el alumnado fueron positivos, frente a un 32,6% de términos negativos, lo que confirma la existencia de un entorno emocional positivo que facilita el aprendizaje y la introspección.

Ambos estudios confirman que el arte, al estimular emociones positivas y facilitar una experiencia de comunicación reflexiva, se convierte en una herramienta educativa de alto impacto para el desarrollo de competencias de liderazgo y pensamiento estratégico. La combinación de arte y educación promueve no solo el crecimiento profesional, sino también la introspección y el autoconocimiento, elementos clave para un modelo de liderazgo auténtico y sostenible.

## Parte III
# Ruta metodológica y aplicación de Skills&Art

### 3.1. ORÍGENES

*Skills&Art* surge como resultado de años de estudios, vivencias y reflexiones personales y compartidas. La creación de esta metodología tiene sus cimientos en una trayectoria profesional de 24 años en un entorno político altamente complejo y mediático, lo que generó en la autora la necesidad de encontrar un espacio de desconexión y renovación personal. Más relevante aún, provocó una reflexión profunda sobre los modelos de gestión: ¿existe alguno que favorezca a la persona y genere un impacto positivo tanto a nivel personal como social?

Fue en esta búsqueda cuando, aproximadamente a los cuarenta años, tuvo la oportunidad de iniciarse en el mundo de la acuarela gracias a la influencia de una persona cercana. La práctica de la pintura le permitió experimentar de primera mano beneficios significativos como el desarrollo de la concentración, la creatividad, la innovación y la capacidad de experimentar. Este descubrimiento resultó tan transformador que decidió emprender estudios en Bellas Artes, completando el cuarto año de carrera en Canadá. Esta experiencia le permitió visitar algunos de los museos más importantes de América, como los de Nueva York, Chicago y Washington.

Esta etapa fue clave por tres motivos fundamentales. Primero, porque le permitió incorporar de manera experiencial el concepto de "contemplación" como una herramienta de reflexión y análisis. Segundo, porque le proporcionó una dimensión esencial para la innovación y el liderazgo. Tercero, porque esta experiencia —aunque de manera inconsciente en ese momento— sentó las bases para el desarrollo posterior de su tesis doctoral.

Posteriormente, la autora cursó un máster en gestión cultural que combinó con su actividad profesional. Durante ese periodo, también realizó el curso de "Gestión estratégica y liderazgo social" en el IESE Business School de Madrid, que implicaba viajar mensualmente a la capital. Esta formación le permitió entrar en contacto con profesionales de diversas áreas y consolidar un enfoque más estratégico sobre el liderazgo y la gestión.

Fue en este contexto donde descubrió el modelo de gestión antropológico desarrollado por Juan Antonio Pérez López. Su línea de investigación sobre la "Teoría de las Organizaciones Humanas" estaba orientada a generar un conocimiento científico que facilitara la acción práctica de los directivos. Pérez López sostenía que el estilo de liderazgo de una persona está profundamente condicionado por la concepción que tenga sobre la naturaleza humana. Esta comprensión representó un auténtico momento "eureka" para la autora, al ofrecerle no solo respuestas a sus cuestionamientos personales (mencionados en el primer párrafo), sino también un marco conceptual que posteriormente guiaría su propia línea de investigación.

Al iniciar su tesis doctoral, la autora residía en Málaga, una ciudad que, como respuesta a un plan estratégico, había experimentado un crecimiento cultural y económico significativo. La inversión en infraestructuras y museos generó una dinamización exponencial en la oferta cultural, lo que llevó a la autora a centrar su investigación doctoral en la aplicación del modelo de gestión antropológico a la comunicación de museos e instituciones culturales, tomando como referencia el caso malagueño.

La defensa de la tesis fue vivida como una celebración personal y académica. La autora reconoce la influencia directa de su formación en *Toastmasters International*, una organización educativa especializada en comunicación y liderazgo, donde adquirió herramientas fundamentales para hablar en público mediante la metodología *"learning by doing"* y que le fue de gran utilidad en el acto académico. La defensa fue, además, una experiencia especialmente gratificante debido a la presencia y el apoyo de su familia.

La obtención del doctorado representó un punto de inflexión en su carrera, facilitando la transición del contexto político al ámbito académico e intelectual. A partir de ese momento, comenzó a impartir clases en una universidad de Barcelona y realizó un Programa de Desarrollo Directivo en el IESE, donde pudo profundizar en la aplicación práctica del modelo de gestión antropológico. Este proceso consolidó la idea de que la inversión en conocimiento siempre revierte de manera positiva en la vida personal y profesional.

Fue en el ejercicio de la docencia donde surgieron las preguntas fundamentales que darían origen a *Skills&Art*: ¿qué necesita el líder del siglo XXI? y ¿cómo puedo ofrecerle esas herramientas? La primera pregunta está estrechamente vinculada a las demandas que plantea la era de la inteligencia artificial, que exige el desarrollo de habilidades de pensamiento crítico, creativo y estratégico. La segunda cuestión, más compleja, remite al núcleo del liderazgo humanista: ¿qué implica "liderar desde el ser" y no simplemente "desde el hacer"? Esto supone que el líder debe descubrir o redescubrir su propia identidad para poder responder a las preguntas fundamentales sobre su propósito y dirección vital: ¿quién soy?, ¿qué quiero?, ¿hacia dónde voy?

Así nació *Skills&Art*, una metodología didáctica disruptiva que combina tres ingredientes esenciales: arte, humanismo y aprendizaje. La metodología se fundamenta en un enfoque de trabajo "de dentro hacia fuera", ya que el liderazgo humanista no se construye a partir de técnicas o estrategias externas, sino a partir de una reflexión interna y un proceso de autoconocimiento. Este modelo permite a los líderes descubrir su propio estilo de liderazgo y establecer las bases para diseñar un plan de crecimiento personal y profesional.

Esta visión se vio profundamente enriquecida gracias a la formación recibida en la Universidad Francisco de Vitoria, donde la autora completó los dos ciclos de la certificación en coaching dialógico. Esta experiencia aportó una fundamentación antropológica que no solo complementa la metodología *Skills&Art*, sino que la eleva en profundidad y coherencia. El enfoque dialógico del coaching permitió integrar herramientas que sitúan a la persona en el centro del proceso formativo, fortaleciendo su capacidad para preguntarse, escuchar(se), decidir y actuar desde un lugar más consciente, libre y conectado.

*Skills&Art* se presenta, metafóricamente, como una coctelera en la que se mezclan arte, humanismo y aprendizaje para generar una experiencia formativa transformadora. Aunque estos tres elementos son la base metodológica, la adaptabilidad es una característica central del modelo, ya que cada persona y cada organización tienen necesidades específicas que requieren respuestas personalizadas. *Skills&Art* ofrece la metodología, pero las necesidades las define el participante.

Además, tal y como se ha comentado en la parte II, *Skills&Art* se encuentra actualmente integrado en un proyecto de investigación. Lo que ha generado espacios de difusión y debate que han permitido consolidar el modelo y enriquecerlo mediante el diálogo con la comunidad académica y profesional.

Esta combinación de experiencia práctica, fundamentación teórica, validación académica y profundidad antropológica convierte a *Skills&Art* en una metodología robusta y flexible, capaz de responder a las necesidades emergentes de los líderes en un entorno complejo y en constante evolución.

## 3.2. *SKILLS&ART* CONTADA EN METÁFORAS

En *Skills&Art*, cada fase del proceso de desarrollo está construida como un viaje narrativo. Usamos una metáfora para nombrar y dar sentido a cada etapa, y la acompañamos de una obra de arte que la representa visual y simbólicamente. Esta elección no es estética, es experiencial.

Porque en *Skills&Art* no se aprende desde la teoría, sino desde la acción: cada concepto se explora viviéndolo, sintiéndolo, encarnándolo. Y la metáfora forma parte de esa experiencia activa. Es una puerta que se atraviesa, no un concepto que se estudia.

Hemos creado una metáfora visual y narrativa para cada fase del proceso formativo. No se trata de un adorno ni de un recurso decorativo: la metáfora funciona aquí como una vía de acceso privilegiada a lo que sentimos, pensamos y somos cuando aprendemos. La usamos porque conecta directamente con la forma en que las personas comprenden el mundo y se comprenden a sí mismas: no solo desde la razón, sino también desde la emoción, la experiencia y la intuición. Cada metáfora incluye, además, la elección de una obra de arte que la representa, reforzando así su dimensión simbólica y su capacidad evocadora.

Las neurociencias y la psicología coinciden en que nuestra primera forma de respuesta es emocional. Solo podemos ser racionales después de haber sido emocionales. Como plantea Kahneman (2012)[13], el cerebro humano opera en dos sistemas: uno rápido, intuitivo y emocional, y otro más lento, deliberativo y racional. Aprendemos mejor cuando ambos sistemas están en sintonía, pero para lograrlo es necesario activar primero el que responde desde lo emocional, lo sensorial y lo simbólico.

La metáfora lo hace posible. Porque, al ser una forma de lenguaje simbólico, nos ayuda a describir y representar emociones, metas, bloqueos o intuiciones que serían difíciles de explicar con palabras racionales. Nos permite decir lo que sentimos sin tener que nombrarlo directamente, lo que genera una apertura emocional segura y favorece una interpretación más rica de la propia experiencia.

13.     Kahneman, D. (2012). *Pensar rápido, pensar despacio*. Editorial Debate.

## 3.3. DESCRIPCIÓN DEL MODELO SKILLS&ART

*Skills&Art* es una metodología de innovación didáctica disruptiva que busca brindar una experiencia estética de alto impacto, orientada no solo al desarrollo de habilidades de liderazgo, sino también a la exploración y comprensión de la propia identidad y el sentido existencial de la vida. El enfoque central de la metodología reside en el concepto de una vida lograda, entendida como una existencia plena y alineada con los valores y objetivos personales y profesionales.

El desafío de *Skills&Art* consiste en transformar de manera significativa la forma en que se enseñan y desarrollan las habilidades directivas avanzadas. La propuesta metodológica parte de una utilización creativa y estratégica de las oportunidades que ofrecen el humanismo, el conocimiento y el arte como herramientas para el crecimiento personal y profesional. Esta metodología se aleja del enfoque tradicional centrado en el contenido y el resultado para situar el énfasis en el proceso de enseñanza-aprendizaje y en la experiencia personal del participante. La cuestión central no es tanto el "qué" se enseña, sino el "cómo" se enseña y cómo se interioriza ese conocimiento (aprendizaje).

La innovación de *Skills&Art* radica en su capacidad para desarrollar habilidades de pensamiento mediante una sola actividad estructurada en varias fases, etapas y acciones. Este enfoque integral permite a los participantes trabajar de manera coordinada en sus competencias directivas, al tiempo que reflexionan sobre sus objetivos personales y diseñan un plan de mejora tanto a nivel personal como profesional.

El proceso metodológico de *Skills&Art* se desarrolla en cinco fases claramente definidas, que facilitan la progresión gradual y el aprendizaje profundo:

1. *Discovery* (deber ser): en esta primera etapa, los participantes realizan un ejercicio de autoanálisis y reflexión para identificar sus fortalezas, áreas de mejora y objetivos personales y profesionales. Este proceso de introspección permite establecer una base sólida para el desarrollo posterior.

2. *Selecting*: etapa en la que el alumnado elige una obra de arte y una habilidad directiva con la que conecta de forma personal, emocional y simbólica. A partir de esa elección, construye un discurso original que expresa su visión del liderazgo, transformando la contemplación en una forma de autoconocimiento y comunicación auténtica.

3. *Staging*: en esta fase, los participantes llevan a cabo la actividad principal, que idealmente se desarrolla en un museo o en un entorno artístico. La inmersión en una experiencia estética potencia la capacidad de contemplación, creatividad y análisis, que plasmarán en la realización de un discurso que expondrán delante de la obra de arte.

4. *Feedback*: en esta etapa, los participantes reciben y proporcionan retroalimentación sobre la experiencia vivida. Este proceso de intercambio y reflexión grupal e individual resulta esencial para consolidar los aprendizajes y continuar conociéndose.

5. *Mentoring*: en la fase final, los participantes aterrizan los aprendizajes mediante la elaboración de un plan de desarrollo personal y profesional. Este plan constituye una herramienta de mentoría que les permitirá aplicar de manera práctica las mejoras identificadas a lo largo del proceso.

*Skills&Art* ofrece, por tanto, una metodología integral que combina la experiencia artística y la reflexión humanista para potenciar el crecimiento personal y profesional. El arte, en este contexto, actúa como un vehículo para la exploración de la identidad y como una herramienta para el desarrollo de competencias directivas avanzadas. El proceso permite que los participantes no solo adquieran habilidades técnicas y estratégicas, sino que también construyan una comprensión más profunda de sí mismos y de su propósito vital.

*Skills&Art* no solo propone una nueva forma de desarrollar habilidades de liderazgo, sino que redefine el propio concepto de liderazgo al situarlo en el ámbito de la autenticidad y del autoconocimiento. La

metodología invita a los participantes a liderar "desde el ser" y no únicamente "desde el hacer", promoviendo un modelo de liderazgo humanista que integra la razón y el corazón.

En resumen, *Skills&Art* representa una propuesta metodológica que
trasciende los enfoques tradicionales de formación directiva al integrar
arte, humanismo y conocimiento en un proceso de aprendizaje transformador. La combinación de introspección personal, experiencia artística y análisis estratégico convierte a *Skills&Art* en una metodología
única para el desarrollo de líderes capaces de afrontar los desafíos complejos y cambiantes del siglo XXI.

### 3.3.1. Pre-work: Preparando el terreno para el éxito

Las fases que conforman la metodología —*Discovery, Selecting, Staging, Feedback y Mentoring*— están en inglés debido al carácter internacional de la propuesta. En castellano, estas etapas se traducen como
Descubrimiento, Puesta en escena, Retroalimentación y Mentoría.

Antes de describir en detalle cada una de las fases, es recomendable realizar un pre-trabajo que prepare al participante, facilitando una
actitud abierta y receptiva que le permita aprovechar al máximo la experiencia. Para saber cómo llegar a donde queremos ir, primero necesitamos entender desde dónde partimos y la contextualización en la que
nos vamos a mover.

Este "pre-trabajo" incluye las siguientes actividades:

a) **Cuaderno** de "superpoderes"

b) **Alianza**: establecer un compromiso inicial para generar un ambiente de colaboración y confianza.

c) **La persona**: adquirir conocimientos antropológicos básicos sobre
el ser humano, sus necesidades y motivaciones.

## a) El cuaderno de "superpoderes"

Al entrar al aula, el participante encuentra un cuaderno boca abajo sobre su mesa. No hay instrucciones, ni nombres, ni títulos. Solo una cubierta lisa, de color neutro. Un objeto sencillo, sin pretensiones.

La magia sucede cuando lo giran.

En el reverso aparece una obra de arte. Distinta para cada persona. Una imagen que no esperaban, que nadie les explica, que simplemente está ahí. Y en ese gesto —tan simple como darle la vuelta a un cuaderno— empieza todo.

Porque ese momento no es casual. Es la primera experiencia simbólica de *Skills&Art*. Un inicio que no se da con palabras, sino con una imagen que interpela. ¿Qué me hace sentir? ¿Qué dice de mí esta escena? ¿Por qué me atrae o me incomoda? Esa reacción —personal, íntima, sensorial— activa algo esencial: el pensamiento comienza en la emoción.

Esa es la razón por la que el primer gesto de esta metodología no es una consigna, sino un encuentro. El arte no se presenta como materia a estudiar, sino como espejo. Y el cuaderno no se entrega como herramienta, sino como compañía.

Ese es el Cuaderno de Superpoderes. Un espacio donde el alumnado escribirá sobre lo más importante: su historia, su carácter, sus emociones, sus decisiones. Es un lugar de autoría, no de apuntes. Y no termina con las sesiones, porque lo que allí se inicia no tiene un final cerrado. Lo acompañará mucho después. A veces, toda la vida. También lo llamamos diario inspiracional.

Cuando explicamos que este cuaderno es poderoso, algunas personas sonríen. Pero luego, muchas regresan con él arrugado, vivido, lleno de esquinas dobladas. Como aquel directivo que, en uno de nuestros brindis finales, lo sacó del bolsillo trasero y dijo:

"Yo brindo por esta libreta que cuando me la entregaron me reí al oír que era poderosa. No es verdad. Esta libreta no es poderosa. Esta libreta es superpoderosa."

Escribir a mano no es un detalle técnico. Diversos estudios han demostrado que mejora la consolidación de la memoria, organiza el pensamiento y favorece la reflexión crítica. Pero más allá de la evidencia, escribir a mano tiene otra virtud: nos obliga a parar, a escuchar nuestra voz, a decidir qué palabras merecen quedar en el papel.

El Cuaderno de Superpoderes es también un símbolo de lo colectivo. Su nombre no fue elegido por el equipo pedagógico. Surgió en una de las primeras sesiones, de boca de un participante. Como todo en *Skills&Art*, es fruto de la experiencia compartida. Un conocimiento que no se imparte, se construye.

Por eso este cuaderno no es solo un soporte. Es el primer umbral del viaje. El primer espejo. Y a la vez, el testigo más fiel del proceso. Cada página escrita es una pequeña declaración: estoy pensando sobre mí. Estoy liderando desde mí.

Ilustración 1. El cuaderno de "superpoderes" o diario inspiracional

**Fotografía:** Lucía Pérez-Pérez

## b) Alianza

Es recomendable comenzar el *pre-work* con la creación de una alianza, ya que esta establece las bases para un entorno de confianza y apertura. La alianza es diseñada con la participación de todas las personas involucradas. Recoge las reglas del juego y las actitudes que se consideran necesarias para crear un clima de libertad de expresión, aceptación mutua y sinceridad, eliminando cualquier rastro de crítica o juicio.

Una de las consecuencias más importantes de esta alianza es que cada participante perciba que las demás personas solo desean su crecimiento y mejora. Esta sensación de apoyo mutuo fortalece la conexión y la colaboración dentro del grupo, creando un entorno propicio para la exploración personal y el aprendizaje significativo. En esencia, se trata de crear un espacio de búsqueda y descubrimiento donde el aprendizaje vaya más allá de lo académico para conectar con nuevas perspectivas y significados personales y profesionales.[14]

## c) La persona

En el marco de la gestión humanista, resulta esencial partir de una comprensión profunda de la naturaleza humana. El modelo de gestión humanista desarrollado por Juan Antonio Pérez López sostiene que el estilo de liderazgo de una persona está profundamente condicionado por la concepción que tenga sobre la naturaleza humana. Es decir, la forma en que una persona lidera y toma decisiones depende directamente de cómo entiende y percibe la esencia y las motivaciones de los seres humanos.

Por esta razón, antes de abordar cualquier proceso de formación en liderazgo, es necesario establecer una base antropológica compartida.

---

14.    Alonso, S. (2013). *Coaching Dialógico pp. 63.* Editorial Acción Empresarial, S.L.

En el marco de esta metodología, en el *prework* —la fase inicial de preparación— se llega a un consenso básico sobre la naturaleza humana que implica comprender las necesidades fundamentales de la persona, sus motivaciones y su búsqueda de felicidad. Solo desde esta comprensión profunda del ser humano es posible construir un liderazgo auténtico y sostenible.

Para estructurar esta reflexión, nos apoyamos en autores que han tomado como referencia a Aristóteles, así como en las propias enseñanzas del filósofo griego. Aristóteles sostenía que el fin último del ser humano es la búsqueda de la felicidad, o **eudaimonía**, un estado que se alcanza mediante el desarrollo de las virtudes y el equilibrio en la vida.

Aunque la felicidad es una aspiración universal de la humanidad, no todos la buscan en los mismos lugares ni la experimentan de la misma manera.

Armenta (2015)[15] lo fundamenta antropológicamente exponiendo que la felicidad puede entenderse como una combinación de dos elementos fundamentales: el gozo y el bien que lo causa. El gozo es la experiencia subjetiva de bienestar y satisfacción, mientras que el bien es el elemento objetivo que genera ese sentimiento. De esta manera, la felicidad es el resultado de la posesión de un bien que produce gozo.

La felicidad implica tanto una experiencia interna como la presencia de un bien externo que la provoca. El gozo revela un componente subjetivo, ya que es la experiencia personal del bienestar, mientras que el bien representa un componente objetivo, pues es la causa que genera esa experiencia. Este equilibrio entre lo subjetivo y lo objetivo sugiere que la felicidad es una actividad humana que requiere acción y participación consciente. La felicidad, por lo tanto, no es solo un estado

---

15.  Armenta, C. A. (2015). La felicidad humana. Instituto Panamericano de Alta Dirección de Empresa (IPADE)

emocional pasajero, sino una experiencia que surge de la relación entre el individuo y el mundo que lo rodea.

El siguiente cuadro ilustra claramente esta relación entre gozo, bien y felicidad. Muestra que la felicidad surge de la combinación del gozo y el bien, y cómo esta relación se ve condicionada por las características del gozo y los diferentes tipos de bienes que lo provocan:

Figura 4. Relación entre gozo, bien y felicidad

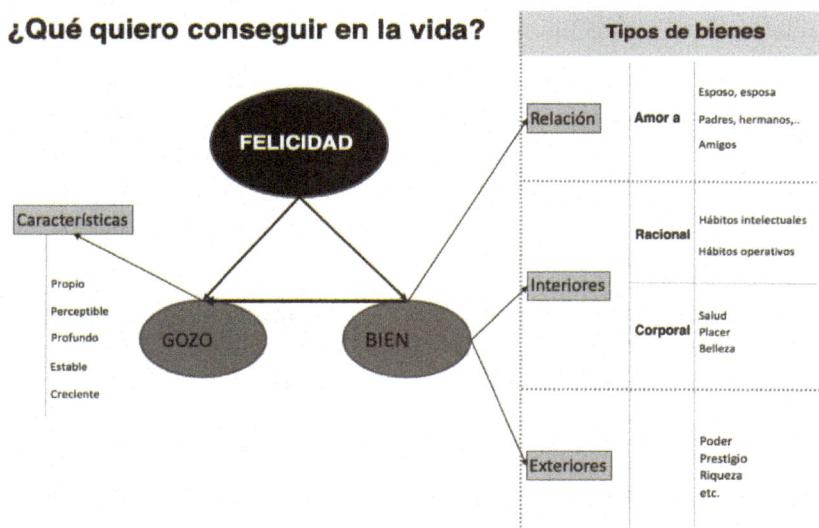

**Fuente:** elaboración propia a partir de Armenta (2015)[16].

La Felicidad humana como se observa en el cuadro, el gozo debe tener ciertas características para que conduzca a una felicidad auténtica y estable. Estas características incluyen que sea propio (dependiente de uno

---

16.    Armenta, C. A. (2015). La felicidad humana. Instituto Panamericano de Alta Dirección de Empresa (IPADE)

mismo), perceptible (que pueda experimentarse de manera consciente), profundo (que vaya más allá de la superficie), estable (que no se desvanezca fácilmente) y creciente (que pueda aumentar con el tiempo).

Por otro lado, los bienes que generan este gozo pueden clasificarse en diferentes tipos. Existen los bienes exteriores (como el poder, el prestigio o la riqueza), los bienes corporales (como la salud, el placer o la belleza) y los bienes interiores, que se dividen en racionales (hábitos intelectuales y operativos) y relacionales (las relaciones personales, como el amor y la amistad). La felicidad auténtica y duradera suele estar más relacionada con los bienes interiores y relacionales, ya que estos tienden a ser más estables y profundos.

Aristóteles ya fundamentaba esta idea al afirmar que los bienes de relación son los más importantes, porque son los que proporcionan un gozo más profundo y estable. La amistad, el amor y las conexiones sociales generan una experiencia de felicidad que trasciende la satisfacción inmediata y produce bienestar a largo plazo.

Esta conclusión se refuerza con las investigaciones recientes recogidas en el libro "Una buena vida" de Robert Waldinger y Marc Schulz[17], basado en un Estudio de la Universidad de Harvard, que ha seguido a cientos de individuos durante más de ocho décadas. Los resultados de este estudio demuestran que las personas más felices y saludables son aquellas que cultivan y mantienen vínculos significativos con familiares, amigos y comunidades. La calidad de nuestras relaciones no solo influye en nuestro bienestar emocional, sino también en nuestra salud física y longevidad. Este hallazgo subraya la importancia de invertir tiempo y esfuerzo en construir conexiones auténticas, ya que estas relaciones actúan como un amortiguador contra el estrés y las adversidades de la vida, contribuyendo significativamente a nuestra felicidad general.

---

17.     Waldinger, R. y Schulz, M. (2023). Una buena vida. Planeta.

Aunque alcanzar la felicidad plena y permanente es complejo, las personas pueden experimentar formas parciales y temporales de felicidad. La combinación de un conocimiento claro sobre el bien, el desarrollo de virtudes personales y la capacidad de construir relaciones sociales auténticas aumenta las posibilidades de alcanzar una felicidad profunda y estable. La felicidad no es solo un estado emocional, sino una actividad que implica conocimiento, voluntad y acción. Comprenderla desde una perspectiva antropológica permite reconocer que la búsqueda de la felicidad es una experiencia humana dinámica y compleja, marcada por la interacción entre factores internos y externos.

En este contexto, para ayudar a los participantes a reflexionar de manera más personal sobre un tema tan importante, resulta útil distinguir entre una vida de éxito y una vida lograda. Huete (2019)[18], en su libro *"Construye tu sueño 2.0"*, sostiene que todas las personas tienen cuatro deseos básicos: certeza (seguridad), relevancia (reconocimiento), diversión y conexión. Estos deseos activan mecanismos de gratificación a corto plazo, lo que puede llevar a buscar una vida de éxito sociológico que no necesariamente se traduzca en una vida plena.

El peligro radica en satisfacer únicamente estos deseos básicos sin tener en cuenta dos deseos avanzados: la sabiduría y el sentido de utilidad. La combinación de los cuatro deseos básicos con los dos deseos avanzados —que activan mecanismos de gratificación a largo plazo— sitúa a las personas en las mejores condiciones para alcanzar una vida lograda, es decir, una existencia plena, coherente con los propios valores y con una contribución significativa a la sociedad.

La teoría de las motivaciones de Juan Antonio Pérez López ofrece una base sólida para entender el vínculo entre las acciones humanas y la búsqueda de una vida plena y lograda. Pérez López (1991) sostiene que nuestras acciones están guiadas por tres tipos de motivaciones: las

---

18.   Huete, L. (2019). *Construye tu sueño 2.0: Cómo compatibilizar el éxito profesional con el logro personal.* LID Editorial Empresarial

extrínsecas, que responden a recompensas o sanciones externas; las intrínsecas, que nacen de la satisfacción que produce la acción en sí misma; y las trascendentes, que están orientadas a beneficiar a otras personas o al entorno. Esta estructura motivacional se conecta directamente con la búsqueda de felicidad y la construcción de una vida lograda.

Las motivaciones extrínsecas se relacionan con los deseos básicos de certeza, relevancia, diversión y conexión, mientras que las motivaciones intrínsecas y trascendentes se alinean con los deseos avanzados de sabiduría y sentido de utilidad, que conducen a una gratificación más profunda y estable a largo plazo. La verdadera felicidad y una vida lograda no dependen únicamente de la satisfacción inmediata de los deseos básicos, sino de la capacidad de alinear las acciones y decisiones personales con un propósito más elevado y una contribución significativa a la sociedad.

Concluimos, por tanto, que la combinación de una comprensión antropológica de la felicidad y el modelo motivacional de Pérez López (1991)[19] permite establecer una base sólida para el desarrollo de un liderazgo auténtico y sostenible.

Pérez López plantea que las motivaciones son respuestas a necesidades fundamentales (Fig. 5), ya que el ser humano actúa para satisfacerlas de manera natural y consciente. La obtención de los bienes que satisfacen estas necesidades es lo que nos mueve a actuar: cuando una persona identifica y persigue un bien que responde a una necesidad interna, se activa una motivación que orienta su comportamiento y sus decisiones. Es decir, el motor de la acción humana no es solo el deseo de conseguir un resultado o una recompensa, sino la búsqueda de equilibrio y plenitud que surge de la satisfacción de las necesidades esenciales. Esta dinámica explica por qué las motivaciones intrínsecas y trascendentes, al estar más alineadas con las necesidades profundas,

---

19.     Pérez López, J. A. (1991). *Fundamentos de la dirección de empresas*. Rialp.

generan una felicidad más auténtica y estable que las motivaciones puramente extrínsecas, que solo responden a estímulos externos.

La clave para un liderazgo auténtico, por tanto, radica en comprender y gestionar estas necesidades y motivaciones en uno mismo para poder proyectarlas de manera equilibrada y consciente en los demás. Esta gestión comienza con un proceso de introspección y desarrollo personal que permite al individuo alinear sus acciones con sus motivaciones y valores más profundos. Solo desde esta claridad interna es posible establecer relaciones auténticas y liderar de manera coherente. De ahí que podemos afirmar que primero hay que conocerse, segundo, aceptarse y tercero quererse para después conocer a los demás, aceptarlos y quererlos. El autoconocimiento y la aceptación personal son condiciones previas para comprender las motivaciones de los demás y establecer vínculos significativos basados en el respeto y la autenticidad.

Para poder conocernos realmente, lo primero es hacer una reflexión personal profunda sobre nosotros mismos y distinguir tres conceptos clave: temperamento, carácter y personalidad.

## Temperamento y carácter

Hablar sobre el temperamento después de abordar las necesidades y la naturaleza de la persona permite establecer una base sólida para el autoconocimiento. El temperamento, al ser una disposición innata y genética, influye directamente en la manera en que la persona percibe la realidad, procesa las emociones y responde a las situaciones cotidianas. Comprender el propio temperamento es clave para interpretar de manera más consciente las motivaciones y reacciones personales, lo que facilita el desarrollo de un carácter equilibrado y la formación de virtudes. Este autoconocimiento inicial es necesario para orientar las decisiones hacia bienes auténticos y relaciones significativas, elementos fundamentales para alcanzar una felicidad estable y profunda.

El temperamento no puede cambiarse, aunque sí puede dirigirse. Alexander Havard (2019)[20] identifica cuatro tipos de temperamento: sanguíneo, flemático, colérico y melancólico. Los participantes realizan el test de temperamento que el mencionado autor ha diseñado para identificar el temperamento natural de cada individuo y promover el desarrollo de virtudes asociadas. Cada uno tiene fortalezas y debilidades que afectan la manera en que la persona experimenta el mundo y responde a él. Y el test proporciona una lista de las mismas. Cosideramos, como Havard, que el valor de conocer el propio temperamento no está en el resultado en sí, sino en la reflexión y las conclusiones personales que surgen a partir de ese conocimiento.

Este test gratuito está disponible en el sitio web oficial de Alexandre Havard[21]

El carácter es el resultado de moldear y equilibrar el temperamento mediante la práctica de las cuatro virtudes cardinales: prudencia, justicia, fortaleza y templanza. Este proceso implica tomar decisiones conscientes y desarrollar virtudes que permitan gestionar las tendencias naturales del temperamento, transformándolas en un comportamiento equilibrado y virtuoso.

Por ejemplo, podríamos decir que la prudencia nos ayuda a reflexionar antes de actuar y tomar decisiones acertadas, moderando la impulsividad de un colérico. La justicia nos orienta hacia el bien común y la equidad, lo que ayuda a un sanguíneo a equilibrar su sociabilidad con atención hacia los demás. La fortaleza nos permite afrontar dificultades y persistir en el bien, fortaleciendo a un melancólico ante la tristeza o el desaliento. La templanza regula los deseos y mantiene el autocontrol, impulsando a un flemático a superar la apatía y ser más activo.

20.    Havard, A. (2019). *Del temperamento al carácter. Cómo convertirse en un líder virtuoso.* Ediciones Universidad de Navarra.

21.    Virtuous Leadership Institute. (s.f.). *Young test – Virtuous leadership.* https://www.havardvirtues.com/young-intro

El temperamento marca una inclinación inicial, pero es el ejercicio constante de las virtudes cardinales lo que moldea el carácter y permite alcanzar un liderazgo auténtico y equilibrado, basado en una comprensión profunda de las motivaciones humanas. El carácter es, por tanto, el resultado de la interacción entre la base natural del temperamento y el esfuerzo consciente por perfeccionarse mediante las virtudes. Un carácter sólido y virtuoso facilita el ejercicio de un liderazgo auténtico, guiado por principios éticos y una comprensión profunda de la naturaleza humana.

## Personalidad

La personalidad es la combinación dinámica del temperamento y el carácter, moldeada por las decisiones conscientes y las experiencias de vida. A diferencia del temperamento, que es innato y biológico, y del carácter, que resulta del trabajo personal mediante las virtudes, la personalidad es el reflejo de cómo estas dos dimensiones interactúan y se manifiestan en el comportamiento cotidiano. La personalidad integra las inclinaciones naturales del temperamento con las respuestas aprendidas y desarrolladas a través del ejercicio de las virtudes cardinales (prudencia, justicia, fortaleza y templanza). Es, por tanto, la expresión única y coherente de cómo una persona piensa, siente y actúa ante las distintas situaciones de la vida. Mientras el temperamento establece la base emocional y el carácter aporta la dimensión ética y moral, la personalidad es la síntesis visible y social de ambas, reflejando la manera en que una persona gestiona sus motivaciones internas y las proyecta en sus relaciones y decisiones.

Para ayudar a los participantes a identificar y comprender su personalidad, se utiliza el *Test DISC Profile*, una herramienta que permite evaluar los patrones de comportamiento y las tendencias de cada individuo en términos de dominancia, influencia, estabilidad y cumplimiento. Este test proporciona información valiosa sobre cómo las personas interactúan con su entorno, toman decisiones y responden a las distintas situaciones, lo que facilita un proceso de autoconocimiento más profundo y consciente. Comprender la propia personalidad permite alinear el temperamento y el carácter de manera equilibrada, promoviendo un liderazgo más auténtico y efectivo.

## Test: REHS "Reconociendo mis habilidades Soft"

Además del *Test DISC Profile*, hemos desarrollado el *Test REHS*, una prueba diseñada para evaluar y trabajar las habilidades *soft* o competencias de pensamiento que serán clave a lo largo de toda la actividad. El *Test REHS* incluye una batería de dimensiones o habilidades de pensamiento que permiten al participante identificar su nivel actual de competencia y establecer una línea base para el desarrollo personal. Los resultados de esta prueba ofrecen datos de autoevaluación detallados que permiten a cada persona definir sus propias necesidades y diseñar un plan de mejora adaptado a sus objetivos individuales. De esta forma, cada participante podrá trabajar de manera específica en las áreas que necesite fortalecer, maximizando el impacto de la formación en términos de desarrollo de competencias. Esta combinación de autoconocimiento (a través del temperamento, el carácter y la personalidad) y evaluación de competencias (a través del *Test REHS*) facilita un proceso de crecimiento integral, alineado con las motivaciones y objetivos personales.

## Teatro de improvisación

La gamificación es una técnica de aprendizaje que traslada la mecánica de los juegos, en este caso el teatro de improvisación, al ámbito educativo y profesional para mejorar los resultados. Gracias a su carácter lúdico, el participante se muestra tal como es, lo que facilita el autoconocimiento y la interiorización de conocimientos de manera más dinámica y atractiva, generando una experiencia positiva y motivadora.

En *Skills&Art* empleamos distintas disciplinas artísticas por los beneficios que aportan al desarrollo de habilidades directivas y personales. Para "calentar motores" antes de entrar de lleno en las fases de la metodología, realizamos dinámicas de teatro de improvisación como *"pasar el píu"*, *"pelea y reconciliación de dos tribus africanas"* o *"historias por palabras"*. Estas actividades ayudan a concienciar sobre los beneficios de la metodología, fortalecen la confianza en el equipo y permiten desarrollar habilidades clave como la escucha activa, la creatividad, la comunicación efectiva y la resolución de conflictos. Además, estas dinámicas favorecen la concentración, que juega un papel fundamental en el proceso de aprendizaje. En la actualidad, debido al consumo constante de nuevas tecnologías, estamos perdiendo progresivamente la capacidad de mantener la atención de manera sostenida. La práctica del teatro de improvisación obliga a estar plenamente presentes, desarrollando la atención y la capacidad de respuesta en tiempo real. Al entrar en la actividad, las personas se ven obligadas a estar completamente presentes, desarrollando su capacidad de atención y concentración. El teatro de improvisación exige vivir el momento presente, lo que impide que la mente divague y obliga a centrar la atención en lo que está ocurriendo en ese instante.

La escucha activa también es una habilidad esencial que se trabaja en estas dinámicas. Generalmente, las personas escuchan para responder, no para comprender o para crear. En la improvisación, esta actitud no funciona, ya que la clave está en entender y acoger la propuesta del otro para poder construir sobre ella. A menudo, las propuestas de los demás superan nuestras expectativas o ideas iniciales, lo que demuestra la importancia de abrirse a la colaboración.

Este proceso también fomenta la flexibilidad. La escucha activa en el teatro de improvisación es una escucha curiosa e interesada. Una persona rígida y cerrada en sus ideas no puede avanzar en este tipo de dinámicas. La flexibilidad implica estar dispuesto a ceder, aceptar propuestas mejores y adaptarse a nuevas situaciones. Ceder no es perder; al contrario, es un acto de generosidad y apertura que promueve el progreso y el aprendizaje compartido.

El autoconocimiento es otro de los grandes beneficios del teatro de improvisación. El autoconocimiento es la imagen que tenemos de nosotros mismos, construida a través de nuestras experiencias y vivencias. Nos permite identificar nuestras fortalezas, áreas de mejora, intereses, estilos de aprendizaje, respuestas ante las dificultades, capacidad para tomar decisiones y gestión emocional. Nos conocemos por dos vías: la autorreflexión y el *feedback* que recibimos de los demás. El teatro es una herramienta poderosa para el autoconocimiento porque nos sitúa en experiencias retadoras, fuera de nuestra zona de confort, donde nuestras reacciones y comportamientos quedan expuestos de manera auténtica.

Además, estas dinámicas generan un espacio de reflexión y análisis. Los participantes, ayudados por las preguntas adecuadas, se cuestionan el porqué de sus reacciones y se dan *feedback* entre sí, lo que aporta datos de autoconocimiento muy valiosos que, de otro modo, permanecerían ocultos. Este proceso de autoevaluación y retroalimentación permite a cada persona descubrir patrones de comportamiento, identificar áreas de mejora y comprender mejor la relación entre sus emociones y sus respuestas ante diferentes situaciones. Esta toma de conciencia facilita un aprendizaje más profundo y un desarrollo personal más auténtico.

Ahora sí, estamos preparados para entrar de lleno en las fases de la metodología de *Skills&Art*.

Ilustración 2. Experiencia con la actividad de teatro de improvisación. Programa Icónico de Skills&Art (2023) Teatro de improvisación

**Fuente:** Barna Management School

### 3.3.2. Fases y etapas de Skills&Art/descripción/objetivos/logros

Ahora vamos a abordar las fases y las etapas de *Skills&Art*, el proceso mediante el cual trabajaremos el desarrollo de habilidades directivas a través del arte. Para ofrecer una visión clara y estructurada, presentamos a continuación una figura que recoge las fases, las etapas y los logros asociados a cada una de ellas. Esta figura servirá como guía para entender el camino que recorreremos durante la metodología.

# Figura 3. Etapas, fases y logros de *Skills&Art*

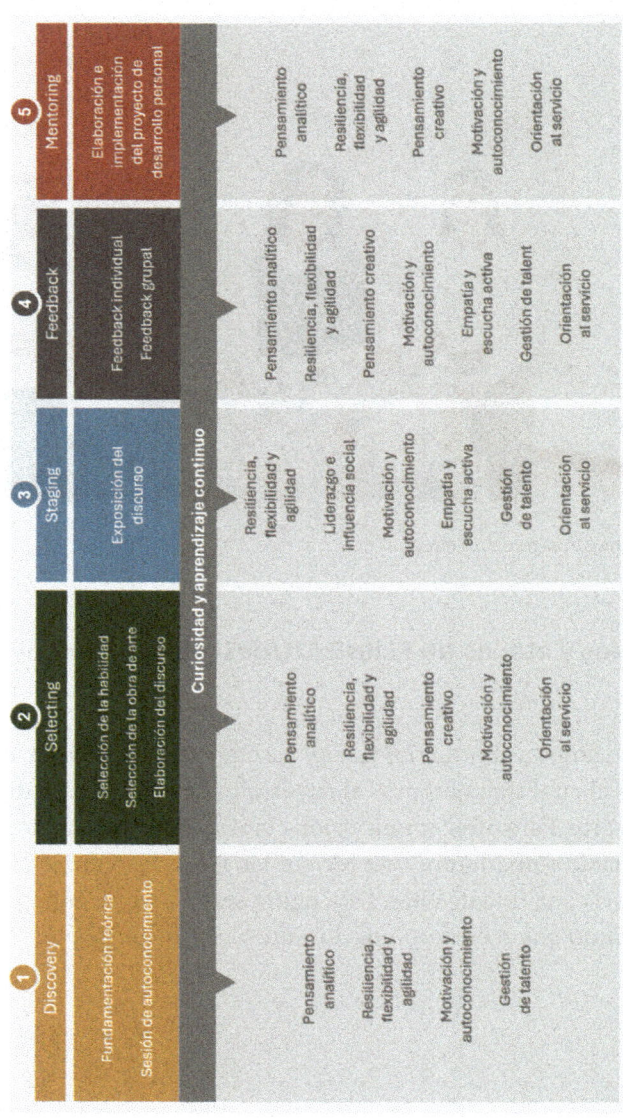

**Fuente:** Elaboración propia

Lucía Pérez-Pérez / Santa Palella Stracuzzi

A continuación, presentamos unas tablas en la que se explican cada fase con sus distintas etapas, incluyendo una descripción detallada de cada una, los objetivos que se persiguen y los posibles logros que pueden alcanzarse a lo largo del proceso. Esta estructura permitirá comprender de manera clara y ordenada el desarrollo de la metodología y los beneficios esperados en cada fase:

Tabla 1. Fase *"Discovery"* de la innovación didáctica disruptiva *Skills&Art*

| 1. Fase *"Discovery"*: *Prework* y explicación de pautas de realización | | | |
|---|---|---|---|
| Etapas | Descripción | Objetivos | Posible logro |
| Fundamentación teórica | Explicación detallada de la actividad | Saber exactamente lo que hay que hacer | Pensamiento analítico, resiliencia, flexibilidad, agilidad y motivación, curiosidad y aprendizaje continuo |
| Autoconocimiento | Los distintos test y cuestionamientos de las dinámicas de teatro de "impro" | Autoconocimiento para conocer el punto de partida y poder plantearse objetivos | Motivación y autoconocimiento y gestión de talento, curiosidad y aprendizaje continuo |

Fuente: Elaboración propia

Tabla 2. Fase "*Selecting*" de la innovación didáctica disruptiva *Skills&Art*

| 2. Fase "*Selecting*": elección de la habilidad y la obra de arte | | | |
|---|---|---|---|
| Etapas | Descripción | Objetivos | Posible logro |
| Selección de la habilidad y de una obra de arte | Deberá hacerse una búsqueda para poder elegir una habilidad directiva y una obra de arte | Relacionar para explicar la habilidad utilizando la obra de arte como herramienta | Pensamiento analítico, resiliencia, flexibilidad y agilidad, pensamiento creativo y curiosidad y aprendizaje continuo |
| Elaboración del discurso | Elaborar un discurso de cuatro minutos explicando la habilidad a través de la obra de arte seleccionada | Hacer un trabajo de investigación para que realmente aporte conocimiento | Pensamiento analítico, pensamiento creativo, motivación y autoconocimiento, orientación al servicio y curiosidad y aprendizaje continuo |
| Puesta en pie | Preparar la puesta en escena, cómo se va a comunicar y ensayarlo | Desarrollar una comunicación eficaz | Motivación, autoconocimiento y orientación al servicio y curiosidad y aprendizaje continuo |

Fuente: Elaboración propia

Tabla 3. Fase *"Staging"* de la innovación didáctica disruptiva *Skills&Art*

| 3. Fase *"Staging"*: desarrollo de la actividad | | | |
|---|---|---|---|
| Etapas | Descripción | Objetivos | Posible logro |
| Introducción y puesta a punto en el Museo | En este momento, en el aula, aula virtual o museo se hará una introducción por parte del facilitador | Tener toda la información del recorrido y de los tiempos | Flexibilidad y agilidad, curiosidad y aprendizaje continuo |
| Exposición del discurso | El participante expondrá su discurso mostrando la obra de arte | Practicar una comunicación efectiva potenciada por la propia obra de arte, salir de la zona de confort | Resiliencia, flexibilidad, agilidad, liderazgo e influencia social, motivación y autoconocimiento, empatía, escucha activa, gestión de talento, orientación al servicio, curiosidad y aprendizaje continuo |
| Reciprocidad de la escucha activa | Los participantes que escuchan la exposición tomarán nota para, posteriormente, dar un *feedback* efectivo | Practicar la escucha activa | Resiliencia, flexibilidad, agilidad, empatía, escucha activa, orientación al servicio, curiosidad y aprendizaje continuo |

Fuente: Elaboración propia

## Tabla 4. Fase "*Feedback*" de la innovación didáctica disruptiva *Skills&Art*

| 4. Fase "*Feedback*": retroalimentación | | | |
|---|---|---|---|
| Etapas | Descripción | Objetivos | Posible logro |
| Hetero-comunicación | Se procederá a dar *feedback* por escrito (*watssap* privado) al que expone el discurso | Que el participante practique cómo dar y recibir un *feedback* efectivo | Pensamiento analítico, resiliencia, flexibilidad, agilidad, pensamiento creativo, motivación, autoconocimiento, empatía, escucha activa, orientación al servicio, curiosidad y aprendizaje continuo |
| *Feedback* del experto | El facilitador que dirige la sesión dará un *feedback* efectivo de palabra a cada uno de los participantes | Tener conocimiento de cómo ha sido percibida su exposición por parte del experto, áreas y propuestas de mejora | Resiliencia, flexibilidad, agilidad, motivación, autoconocimiento, curiosidad y aprendizaje continuo |

Fuente: Elaboración propia

Tabla 5. Fase *"Mentoring"* de la innovación didáctica disruptiva *Skills&Art*

| 5. Fase *"Mentoring"*: plan de desarrollo personal | | | |
|---|---|---|---|
| Etapas | Descripción | Objetivos | Posible logro |
| Introspección | Con toda la información recibida se requiere un ejercicio de coaching grupal para la elaboración de un plan de desarrollo personal | Tener claras las metas personales de liderazgo y elaborar un plan de mejora | Pensamiento analítico, resiliencia, flexibilidad y agilidad, pensamiento creativo, motivación, autoconocimiento, curiosidad y aprendizaje continuo |
| Elaboración e implementación del proyecto de desarrollo personal | Se procederá con un proceso de coaching o mentoría a diseñar el proyecto de desarrollo personal | Autoconocimiento y determinar los objetivos personales para el desarrollar las habilidades necesarias | Pensamiento analítico, resiliencia, flexibilidad y agilidad, pensamiento creativo, motivación, autoconocimiento, orientación al servicio, curiosidad y aprendizaje continuo |

Fuente: Elaboración propia

## 1. Discovery

Tal como hemos anunciado, la fase *Discovery* consiste en una explicación detallada de las pautas que deben seguirse para alcanzar niveles óptimos de satisfacción en términos de eficacia, eficiencia y consistencia. Esta etapa está precedida por un *pre-work*, descrito en el epígrafe 3.2.1. A continuación, pasamos a explicar el contenido de la fase *Discovery*, aunque en la práctica puede desarrollarse de manera simultánea con el *pre-work*. Esta fase se divide en dos etapas:

### a) Fundamentación teórica

La fundamentación teórica incluye una explicación detallada de la actividad y su contextualización. Consiste en una descripción precisa de las instrucciones que el alumnado debe seguir, asegurando que comprenda el propósito de la actividad y los objetivos que se pretenden alcanzar. Además, esta etapa busca establecer una base conceptual clara, proporcionando el marco teórico necesario para que el alumnado pueda relacionar los conceptos con la práctica. Es importante abordar esta fase desde el cuestionamiento, fomentando una actitud crítica y reflexiva que permita al alumnado analizar y comprender en profundidad los principios subyacentes, así como explorar diferentes enfoques y soluciones. La explicación debe ser clara, directa y estructurada para facilitar la comprensión y garantizar una ejecución coherente de la actividad.

A continuación, se ofrecerá una explicación detallada sobre cómo se trabajan las distintas habilidades en esta etapa:

## Tabla 6. Desarrollo de habilidades en la etapa "Fundamentación teórica"

| Pensamiento analítico | Se aplica a la fase de comprensión y preparación, antes de ejecutar la tarea. Implica analizar y procesar la información que se proporciona sobre el ejercicio: entender con claridad qué se espera, identificar las pautas clave, y anticipar los pasos a seguir para seleccionar la obra de arte y vincularla con una habilidad directiva. El pensamiento analítico permite descomponer las instrucciones en partes más manejables, detectar posibles dificultades o vacíos en la explicación, y formular preguntas que ayuden a clarificar el proceso. En otras palabras, aplicar el pensamiento analítico para estructurar mentalmente el enfoque a seguir cuando llegue el momento de ejecutar la tarea. |
|---|---|
| Resiliencia, flexibilidad y agilidad | Esta competencia se activa al recibir las instrucciones del ejercicio y enfrentarse a un entorno distinto al habitual, como el paso del aula al museo. Implica la capacidad de adaptarse a un contexto menos estructurado, manejar la incertidumbre y afrontar posibles incomodidades con una actitud abierta y receptiva. Requiere asimilar rápidamente la información, ajustar el enfoque si las conexiones con la obra no son evidentes, y mantener la disposición a explorar nuevas interpretaciones. Esta habilidad conjunta permite responder con agilidad, reinterpretar el reto si es necesario y aprender del proceso, incluso cuando no se tienen certezas inmediatas. |

| | |
|---|---|
| Motivación | La motivación, entendida como el impulso interno que dirige y sostiene la acción hacia una meta, surge al reconocer los posibles logros y beneficios que puede aportar la tarea, lo que impulsa una actitud proactiva y receptiva. Conocer el impacto potencial del ejercicio, como el desarrollo de una habilidad directiva o la creación de una conexión innovadora con la obra de arte, actúa como una fuente de motivación clave, estimulando el interés y el compromiso desde el inicio. Esta motivación inicial facilita una preparación más enfocada y una mayor disposición para afrontar los desafíos que puedan surgir durante la ejecución. También motiva escuchar el núcleo del modelo de gestión humanista: poner a la persona en el centro. Porque tú eres una persona, y quieres que te traten como tal. |
| Curiosidad y aprendizaje continuo | En esta etapa, la curiosidad y el aprendizaje continuo juegan un papel clave en la comprensión y asimilación de las instrucciones. La curiosidad, entendida como el deseo natural de explorar, comprender y descubrir nuevas ideas, impulsa una actitud abierta y receptiva hacia la información recibida. El aprendizaje continuo, por su parte, se refiere a la disposición constante para adquirir y adaptar conocimientos, incluso ante situaciones nuevas o inciertas. Al recibir las instrucciones, la curiosidad lleva a cuestionar, profundizar y buscar conexiones más allá de lo evidente, mientras que el aprendizaje continuo permite ajustar la comprensión inicial, identificar patrones y explorar diferentes enfoques para abordar la tarea. Esta combinación fomenta una preparación más flexible y enriquecedora, facilitando una mejor respuesta en la fase de ejecución. |

Fuente: Elaboración propia

## b) Autoconocimiento

Dentro de la fase *Discovery*, la etapa de autoconocimiento consiste en un proceso de exploración personal a través de distintos test y dinámicas de teatro de improvisación (*impro*). Estas actividades están diseñadas para revelar patrones de comportamiento, respuestas emocionales y formas de interactuar, proporcionando una visión más clara sobre las fortalezas y áreas de mejora.

En esta etapa, se realizarán varios test para establecer una base sólida de autoconocimiento: primero, el test de temperamento, que permite comprender las respuestas emocionales innatas y las tendencias naturales. Sobre esta base, se aplicará el test de personalidad para identificar rasgos individuales y estilos de liderazgo, profundizando en las fortalezas y áreas de mejora personales. Finalmente, el test de competencias permitirá evaluar las habilidades directivas actuales y detectar las capacidades que es necesario reforzar o desarrollar.

También en esta etapa se realizan dinámicas de teatro de improvisación que son una herramienta poderosa para trabajar el autoconocimiento porque permiten observar y analizar cómo se responde de manera natural en un entorno lúdico y espontáneo, sin las barreras o máscaras que suelen activarse en contextos profesionales o estructurados. Cuando se está improvisando, las respuestas emergen de forma automática, sin tiempo para racionalizar o construir una imagen determinada, lo que permite revelar comportamientos auténticos y patrones profundos de actuación.

Este tipo de dinámica proporciona un conocimiento valioso sobre el propio estilo de liderazgo. La manera en que se responde ante situaciones inesperadas —ya sea tomando la iniciativa, adaptándose a las acciones del grupo o mostrando resistencia al cambio— ofrece pistas claras sobre el tipo de liderazgo que se ejerce de forma natural. ¿Se tiende a dirigir y marcar el rumbo o a seguir las ideas del grupo? ¿Se fomenta la colaboración o se asume una postura más individualista? ¿Se escucha y se valora la contribución de los demás o se busca imponer una visión propia?

Además, las dinámicas de improvisación reflejan el modo en que se participa cuando se trabaja en equipo. La interacción espontánea con los demás revela la capacidad para colaborar, la disposición para aceptar o rechazar las ideas de otros y la manera en que se gestiona la presión o la incertidumbre en un contexto colectivo. ¿Se facilita la participación de los demás o se tiende a acaparar el protagonismo? ¿Se reacciona con flexibilidad o con rigidez ante las propuestas ajenas? ¿Se busca construir sobre las ideas del equipo o se frena el flujo creativo?

El teatro de improvisación también es una práctica muy poderosa para mejorar la presencialidad total, entendida como la capacidad de estar completamente presente, física y mentalmente, en el momento y en la interacción con los demás. La improvisación exige una atención plena al entorno, a las acciones del grupo y a las emociones propias y ajenas, desarrollando así una respuesta auténtica y adaptativa. Estar verdaderamente presente en una dinámica de improvisación implica escuchar activamente, reaccionar con agilidad y responder desde la autenticidad, lo que fortalece no solo la calidad de la interacción, sino también la capacidad de liderazgo y trabajo en equipo.

El valor del teatro de improvisación radica en que permite observar estos patrones en un entorno seguro y creativo, donde el error forma parte del proceso y la espontaneidad es la clave del éxito. Este ejercicio de autoconocimiento brinda una oportunidad única para reconocer fortalezas y áreas de mejora en la dinámica personal de liderazgo y en la forma de interactuar con un equipo, ofreciendo así una base sólida para un desarrollo más consciente y auténtico.

Además, se explorará el estilo relacional propio, aprendiendo a reconocer las dinámicas de interacción y a detectar el estilo relacional de los demás, lo que resulta esencial para mejorar la comunicación y la colaboración en el trabajo en equipo.

Por último, en esta fase también es importante reflexionar sobre los valores personales y el propósito de vida. Comprender lo que realmente motiva y da sentido a las decisiones y acciones ayuda a alinear el desarrollo personal y profesional con una dirección clara y coherente, facilitando una toma de decisiones más auténtica y alineada con la identidad personal. Este proceso permite situarse en un punto de partida consciente, desde el cual es posible cuestionarse y definir con mayor precisión hacia dónde se quiere llegar en términos de desarrollo personal y profesional.

En esta segunda etapa, las habilidades que se trabajan son:

Tabla 7. Desarrollo de habilidades en la etapa "autoconocimiento"

| Motivación y Autoconocimiento | Durante esta etapa, el participante explora sus respuestas emocionales y patrones de comportamiento mediante test y dinámicas de improvisación. Este proceso permite identificar fortalezas, detectar áreas de mejora y comprender con mayor profundidad el propio estilo de liderazgo. La motivación emerge de ese conocimiento como una fuerza interna, alineada con un propósito personal y trascendente. Entender cómo y por qué se actúa de una determinada manera refuerza la coherencia entre valores, decisiones y acciones, consolidando así un compromiso genuino con el desarrollo propio y con el impacto positivo en el entorno. |
|---|---|
| Gestión de talento | Cuanto más te conoces, mejor te puedes gestionar. Comprender tus emociones, tu forma de actuar y tus competencias te permite tomar decisiones más conscientes y alineadas con lo que realmente te mueve. Cuando logras conectar tu propósito vital con lo que haces, no solo aumentas tu eficacia: también trabajas con mayor sentido y bienestar. La gestión del talento comienza por una buena gestión de ti mismo. Y es desde ahí —desde ese conocimiento profundo y honesto de tus propias fortalezas y límites— que puedes comprender mejor a las personas que te rodean, reconocer su valor y ayudarles a desplegar su potencial en los equipos. |

| Curiosidad y aprendizaje continuo | Tomar conciencia de las propias respuestas y patrones de comportamiento impulsa la curiosidad y el aprendizaje continuo. Al entender mejor cómo se actúa y reacciona, surge una actitud más abierta hacia la exploración de nuevas formas de pensar y actuar. La curiosidad lleva a cuestionar y profundizar en las dinámicas personales, mientras que el aprendizaje continuo permite ajustar y mejorar esas respuestas a medida que se adquiere nueva información y experiencia. Este proceso refuerza una mentalidad de crecimiento, promoviendo la adaptación y la mejora constante tanto a nivel personal como en la dinámica de equipo. |

Fuente: Elaboración propia

En conclusión, las dos primeras etapas de la fase *Discovery*, fundamentación teórica y autoconocimiento, establecen una base sólida para el desarrollo de las habilidades directivas. La fundamentación teórica proporciona el marco conceptual necesario para comprender el propósito y la estructura del ejercicio, mientras que el autoconocimiento permite identificar las respuestas emocionales y patrones de comportamiento que influyen en el estilo de liderazgo y la dinámica de equipo.

Además, el trabajo de valores y propósito dentro del autoconocimiento nos conecta con el sentido profundo de nuestras acciones, alineando las decisiones y comportamientos con una dirección clara y auténtica. Este proceso nos sitúa en una posición idónea para afrontar un liderazgo humanista centrado en las personas, donde el impacto en el equipo y en el entorno cobra un significado más trascendente.

Además, el trabajo de valores y propósito dentro del autoconocimiento nos conecta con el sentido profundo de nuestras acciones, alineando las decisiones y comportamientos con una dirección clara y auténtica. Esta reflexión cobra aún más fuerza si la vinculamos con la figura 2, que ilustra la relación entre gozo, bien y felicidad, y nos permite comprender cómo determinadas experiencias y bienes generan una felicidad más profunda y estable. Desde esta perspectiva, el desarrollo personal se convierte en la base de un liderazgo humanista, coherente con el modelo de Pérez López, en el que comprender la naturaleza humana es clave para alinear la motivación, la acción y el impacto. Así, el liderazgo deja de ser solo una función estratégica para convertirse en una práctica ética y transformadora.

Ilustración 3. Experiencia fase Discovery. Programa Icónico de *Skills&Art* (2023)

**Foto:** Barna Management Shool

*Skills&Art* en metáfora

Como ya hemos referido en *Skills&Art*, cada metáfora está inspirada en una obra de arte cuidadosamente seleccionada. Esta imagen no solo acompaña la fase: la encarna. Es la forma en la que esa etapa se vuelve visible, reconocible y transmisible. Gracias a este recurso, lo abstracto se convierte en imagen, y la persona puede comprender mejor en qué momento está, qué necesita y cómo avanzar.

Esa obra da pie a un relato simbólico que sitúa al participante dentro de la experiencia. Después de contemplarla, no explicamos: contamos una historia. Ese *storytelling* actúa como un espejo narrativo que nos invita a reconocernos en una escena, en un personaje, en un conflicto. Nos ayuda a entrar en la metáfora desde dentro, no desde fuera. Y al hacerlo, activa la imaginación, la empatía y la capacidad de interpretación, preparando el terreno para el aprendizaje activo que vendrá después.

Cada fase concluye con un mapa de logros: una síntesis visual de las habilidades trabajadas. No es un listado de objetivos, sino el reflejo de lo que ha ocurrido en la experiencia. Aquello que se ha movilizado, fortalecido o transformado. Hacerlo visible permite tomar conciencia del avance, darle sentido al proceso y anclar el aprendizaje en algo concreto. Así, la metáfora se convierte también en evidencia: no solo nos sitúa en el camino, sino que nos muestra todo lo que hemos recorrido.

Y como todo viaje, el nuestro comienza con una decisión: zarpar. Por eso empezamos con un barco.

*Metáfora de Discovery: "Barco"*

Barco no es solo una metáfora; es una forma de experimentar el arte desde dentro. Porque un barco no es solo un medio para llegar a un destino. Es un reflejo de los movimientos internos que, en su travesía, se enfrentan al mar desconocido.

La obra *Kingston Point, río Hudson (1873) de Francis A. Silva* ha sido elegida para representar esta fase porque capta visualmente la experiencia de emprender un viaje incierto y personal, como el que propone esta etapa formativa. Su lenguaje figurativo, de rasgos realistas pero con un aire poético, representa un mar en constante transformación, donde las formas marinas se delinean con claridad y parecen avanzar con un rumbo definido, cargado de intención. Esa tensión entre lo fluido y lo estructurado simboliza el proceso mental y emocional que se activa cuando abandonamos certezas y nos preparamos para explorar lo nuevo.

En Kinston Point, a orillas del río Hudson, el paisaje figurativo muestra cómo el agua y el cielo se encuentran en un diálogo sereno; cada trazo del lienzo encierra una decisión, un rumbo marcado en la quietud del entorno. Este cuadro no es solo una representación visual de la navegación, es una invitación a reflexionar sobre lo que sucede cuando nos lanzamos hacia lo incierto, cuando dejamos atrás las costas conocidas para explorar lo desconocido. En cada línea y color, encontramos la historia de un viaje hacia la introspección y el autoconocimiento. Como el protagonista de nuestra metáfora, este viaje exige tomar decisiones, analizar el entorno y adaptarse con resiliencia, flexibilidad y agilidad.

El arte, en este sentido, no solo inspira, también guía el curso de nuestra propia travesía, transformando cada experiencia en una oportunidad para navegar hacia el lugar que realmente deseamos alcanzar.

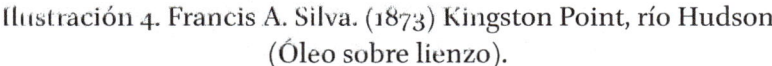

Ilustración 4. Francis A. Silva. (1873) Kingston Point, río Hudson (Óleo sobre lienzo).

**Me llamo Elías. Y un día, sin previo aviso, sentí que tenía que embarcarme. No sabía hacia dónde, pero había una certeza dentro de mí:** quedarme quieto ya no era una opción.

Mi embarcación no era un barco convencional. Era más bien un ensamblaje de líneas y planos, como los de Silva, donde cada parte parecía moverse en direcciones distintas y, sin embargo, todo avanzaba. Al principio me costaba leer el rumbo: las instrucciones eran nuevas, el mar era otro, el viento no sonaba igual. Pero decidí confiar. Escuché. Observé. Analicé las corrientes, aunque no siempre las entendiera. Aprendí a ajustar las velas con agilidad cuando cambiaba el viento, a mantenerme firme cuando el oleaje interno, ese que no se ve, me quería hacer retroceder.

Pronto comprendí que en este barco nada era accesorio. Que cada movimiento revelaba algo de mí. Y que en esa travesía inesperada empezaban a emerger, con nitidez, fragmentos de mi identidad. Lo que me motiva, lo que me limita, lo que me impulsa sin que lo haya dicho en voz alta. Descubrí fortalezas que no sabía que tenía y comprendí por fin algunas de mis tormentas. Aprendí que conocerse es el primer acto de liderazgo, y que liderar no empieza fuera, sino dentro.

A lo lejos, otros barcos también navegaban. Cada uno con su ritmo, su forma de interpretar el viento. Fue entonces cuando comprendí algo más: que si yo aprendía a leer mi propio mapa, tal vez podría ayudar a otros a leer el suyo.

No sé cuánto tiempo llevo navegando, pero ahora sé que esto no era solo un viaje. Era el inicio de algo más grande. Y una orilla me espera. No será la última, pero sí la primera que elijo sabiendo quién soy.

## Logros "Barco"

Y como cada travesía deja una estela en el agua, una huella que refleja las decisiones tomadas y los retos superados. Los logros barco son las habilidades que emergen tras el viaje: la capacidad para navegar las corrientes inciertas, adaptarse al viento cambiante y mantener el rumbo incluso en la tormenta. Aquí están las herramientas que ahora forman parte de ti, las que te permitirán seguir navegando hacia nuevos horizontes.

Figura 4. Logros "Barco"

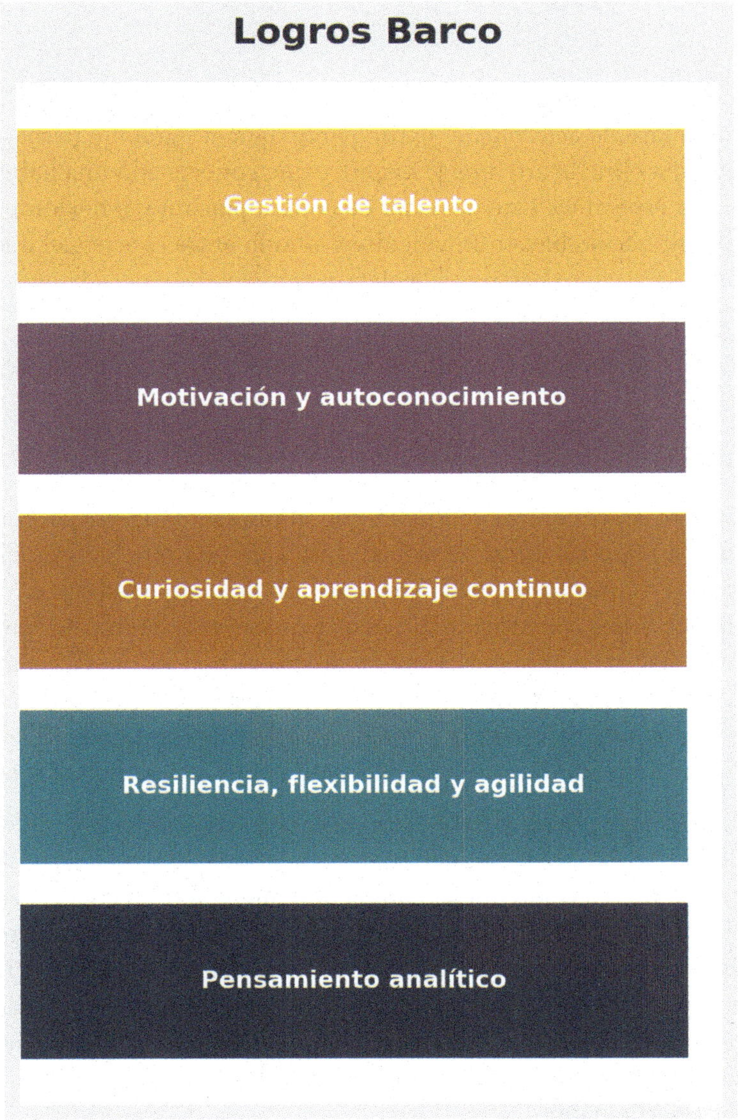

**Logros Barco**

- Gestión de talento
- Motivación y autoconocimiento
- Curiosidad y aprendizaje continuo
- Resiliencia, flexibilidad y agilidad
- Pensamiento analítico

**Fuente:** Elaboración propia

Con esta base consolidada, pasamos a la siguiente fase.

## 2. Selecting

En la fase de *Selecting,* el participante dará el siguiente paso: seleccionar una obra de arte que le inspire y que conecte con una habilidad directiva específica. Este ejercicio de contemplación y reflexión personal permitirá establecer un vínculo profundo entre el arte y el liderazgo, sirviendo como base para la elaboración del discurso y la puesta en escena.

Esta fase consta de tres etapas que se desarrollarán a continuación.

### a) Selección de la habilidad y de una obra de arte

El proceso comienza con una visita al museo, donde el participante contemplará las obras de arte en busca de una que le interpele de manera personal y que pueda conectar con una habilidad directiva sobre la que desee construir su discurso. Durante este tiempo, los participantes estarán acompañados por facilitadores que les ofrecerán apoyo para reflexionar sobre las emociones y pensamientos que surjan. Será un espacio para compartir y comentar las inquietudes que aparezcan, enriqueciendo así el proceso de interpretación y conexión con la obra.

Para la elección de la habilidad, no existen criterios establecidos. La habilidad puede ser cualquier competencia que afecte al liderazgo, y el criterio de selección queda completamente abierto a la decisión del participante. Puede elegirla porque le gusta, porque no le gusta, porque quiere profundizar en ella, porque le cuesta desarrollarla, porque le parece importante o incluso porque no sabe nada sobre esa habilidad. La elección es totalmente libre, lo que permite que el proceso de conexión y análisis sea genuino y alineado con el momento personal y profesional de cada participante.

Este es un momento clave porque se establece un diálogo directo y sin intermediarios entre el participante y la obra de arte. La contemplación permite que emerjan respuestas espontáneas y profundas que van más allá de lo puramente racional. Es aquí donde surgen las cuestiones existenciales, aquellas que apuntan directamente al SER y no al HACER en términos de liderazgo. La conexión con la obra no se limita a un análisis intelectual o estético, sino que activa una respuesta emocional y simbólica que lleva al participante a confrontarse con su identidad, sus valores y el impacto que desea generar en los demás.

Este proceso de contemplación y conexión personal con la obra proporciona una oportunidad única para que el participante alinee su estilo de liderazgo con un propósito auténtico y coherente. La capacidad de reconocer las propias emociones, interpretar el mensaje de la obra y relacionarlo con una competencia directiva refuerza la autenticidad y profundidad del discurso que se elaborará posteriormente. Esta experiencia de autoconexión y sentido será la base sobre la que se construirá el discurso y se trabajará la puesta en escena.

A continuación, se explicará en detalle cómo se trabajan las distintas habilidades en esta fase.

**Tabla 8. Desarrollo de habilidades en la etapa "selección de una habilidad y de una obra de arte"**

| | |
|---|---|
| Pensamiento analítico | Esta habilidad se activa al observar y descomponer la obra de arte en sus elementos clave: composición, colores, formas, simbolismo y contexto histórico, para interpretar su significado y establecer conexiones con la habilidad elegida. Este proceso implica analizar cómo los distintos elementos de la obra reflejan patrones o principios aplicables a la competencia seleccionada, evaluando posibles relaciones y significados ocultos. Fruto de este cuestionamiento, el participante puede darse cuenta de que quiere trabajar una habilidad distinta con la que encuentre una conexión más coherente y auténtica y que le funcione mejor. |
| Resiliencia, flexibilidad y agilidad | En la fase de selección, el proceso de conectar la obra de arte con una habilidad directiva requiere enfrentarse a incertidumbres y dudas. La resiliencia se activa cuando la conexión entre ambos no es inmediata, permitiendo mantener una actitud positiva y abierta. Esta habilidad se nutre de la capacidad para seguir adelante sin rendirse, aún cuando los primeros intentos no resulten satisfactorios, aceptando cada dificultad como una oportunidad de aprendizaje. Al mismo tiempo, la flexibilidad facilita el reajuste del enfoque, permitiendo explorar nuevas perspectivas y redefinir la relación entre la obra y la habilidad elegida sin rigidez. Finalmente, la agilidad permite realizar ajustes rápidos y eficaces, evitando que el proceso se detenga ante cualquier bloqueo o confusión, facilitando una respuesta inmediata para encontrar la mejor conexión posible entre el arte y el liderazgo. |

| Pensamiento creativo | Se despliega al explorar nuevas formas de interpretar la obra de arte y relacionarla con la habilidad directiva elegida. Implica ir más allá de las asociaciones obvias, combinando elementos simbólicos y estructurales de la obra con principios de liderazgo de manera original e innovadora. Si la conexión inicial no funciona, el pensamiento creativo permite buscar alternativas, reinterpretar la obra desde una perspectiva diferente y generar una narrativa única y personal. |
|---|---|
| Curiosidad y aprendizaje continuo | En esta fase, la curiosidad y el aprendizaje continuo emergen al explorar las distintas posibilidades de conexión entre la obra de arte y la habilidad directiva elegida. La curiosidad impulsa a hacer preguntas, profundizar en los detalles de la obra y buscar significados ocultos, mientras que el aprendizaje continuo permite ajustar y enriquecer la interpretación inicial a medida que surgen nuevas perspectivas. Este proceso fomenta una actitud abierta y exploratoria, donde cada descubrimiento amplía la comprensión y fortalece la conexión entre el arte y el liderazgo. |

Fuente: Elaboración propia

## b) Elaboración del discurso

En esta fase, el participante debe elaborar un discurso de entre 4 y 5 minutos en el que explique, de forma creativa e innovadora, la habilidad directiva seleccionada a través de la obra de arte elegida. El discurso debe ir más allá de una simple descripción, buscando una interpretación original y personal que aporte un conocimiento profundo sobre la habilidad y su relación con la obra.

El arte, por sí mismo, actúa como un catalizador porque expresa sin palabras, permitiendo que el participante, fruto de la contemplación, haya percibido significados y emociones más allá de lo evidente. El reto consiste en traducir esa experiencia personal e íntima en un discurso que no solo informe, sino que también inspire y conmueva. El participante tiene la oportunidad de hacer de su discurso otra obra de arte, utilizando el poder de la palabra de manera auténtica y creativa. Además, se anima a los participantes a utilizar todos los recursos que consideren que pueden potenciar positivamente su discurso, como por ejemplo la música, sonidos, imágenes o cualquier otro apoyo visual o sensorial que refuerce el mensaje y enriquezca la experiencia para el público. La combinación de la palabra con otros estímulos creativos fortalece la conexión emocional y la capacidad de transmitir de manera memorable el significado profundo de la obra y la habilidad seleccionada.

Este es el verdadero poder de la palabra cuando surge de una reflexión auténtica y de un trabajo personal y profundo. La clave está en comunicar desde la verdad y la esencia personal, haciendo que el discurso refleje tanto el impacto simbólico de la obra como la huella que esta ha dejado en el propio proceso de autoconocimiento. Este nivel de profundidad solo se alcanza cuando el participante logra poner en juego todas las habilidades de pensamiento. Cuando estas habilidades se integran, el discurso trasciende la explicación y se convierte en una experiencia única y transformadora para quien lo escucha.

A continuación, exploraremos el impacto de esta etapa en el desarrollo de las habilidades.

## Tabla 9. Desarrollo de habilidades en la etapa "Elaboración del discurso"

| | |
|---|---|
| Pensamiento analítico | Se despliega al organizar las ideas y estructurar el mensaje de manera lógica y coherente. El participante debe analizar los elementos simbólicos y técnicos de la obra, identificar las conexiones más relevantes con la habilidad directiva y seleccionar los argumentos que refuercen esa relación. También implica evaluar la claridad y la fuerza del discurso, detectando posibles contradicciones o lagunas y ajustando el contenido para asegurar que el mensaje sea sólido y comprensible para el público. |
| Pensamiento creativo | Se manifiesta en la capacidad para construir una narrativa original y personal que conecte la obra de arte con la habilidad directiva elegida. El participante debe explorar enfoques innovadores para transmitir el mensaje, utilizando metáforas, simbolismos y referencias artísticas de manera imaginativa o cualquier recurso que le funcione. También implica encontrar una forma única de estructurar el discurso, combinando análisis y emoción para captar la atención del público y provocar una reflexión auténtica. |
| Motivación y autoconocimiento | Juegan un papel clave al conectar el mensaje con la experiencia personal del participante. La motivación impulsa a transmitir el discurso con autenticidad y convicción, reflejando el impacto que la obra y la habilidad directiva tienen en su proceso de crecimiento. El autoconocimiento permite que el discurso refleje la propia identidad, mostrando cómo las fortalezas, valores y experiencias personales influyen en la interpretación de la obra y en la manera de comunicar el mensaje. Esta combinación refuerza la credibilidad y la profundidad emocional del discurso. |

| | |
|---|---|
| Orientación al servicio | Esta se refleja en el propósito de generar valor para quienes escuchan. El participante no solo comparte su interpretación personal de la obra y la habilidad directiva, sino que también busca que el discurso inspire, motive y provoque una reflexión en el público. Implica adaptar el mensaje para que sea claro, accesible y relevante para los demás, colocando el foco en el impacto que puede tener en la audiencia. Este enfoque hacia el otro está estrechamente vinculado al liderazgo trascendente, entendido como un liderazgo centrado en el servicio (*service oriented*), donde el propósito va más allá del éxito personal y se orienta hacia el bienestar y el crecimiento colectivo |
| Curiosidad y aprendizaje continuo | En la etapa de desarrollo del discurso, la curiosidad y el aprendizaje continuo se reflejan en la exploración y profundización constante durante la construcción del mensaje. La curiosidad impulsa al participante a investigar más allá de la interpretación inicial de la obra, explorando nuevos significados, referencias y enfoques que enriquezcan el discurso. El aprendizaje continuo permite integrar esas nuevas perspectivas y ajustar el mensaje a medida que se descubren nuevas conexiones entre la obra y la habilidad directiva. Además, está comprobado que el mayor índice de retención en el aprendizaje sucede cuando aprendemos para enseñar a otros. El proceso de estructurar un discurso para transmitir conocimiento a un público obliga a organizar las ideas, establecer conexiones claras y explicar los conceptos de manera accesible, lo que refuerza y consolida el aprendizaje. Esta actitud abierta y flexible refuerza la autenticidad y la profundidad del discurso, haciendo que la experiencia resulte más enriquecedora tanto para el participante como para el público. |

Fuente: Elaboración propia

## c) Puesta en pie

La puesta en escena es el momento en el que el discurso toma vida y pasa de ser una construcción intelectual a convertirse en una experiencia de comunicación. En esta fase, el participante trabaja en cómo va a transmitir el mensaje, cuidando tanto el contenido como la forma de presentarlo. La manera en que se comunica el discurso es tan importante como el propio mensaje, ya que una comunicación eficaz requiere coherencia entre las palabras, el tono, el lenguaje corporal y la conexión con el público.

El proceso implica ensayar y ajustar todos los elementos de la presentación para asegurar que el mensaje llegue de manera clara, auténtica y convincente. La preparación incluye trabajar la voz, el ritmo, las pausas y la gestualidad para reforzar el impacto emocional y mantener el interés del público. También se anima a los participantes a explorar el uso de recursos creativos —como música, imágenes o apoyos visuales— para enriquecer el discurso y fortalecer la conexión con la audiencia.

Un aspecto clave que se trabaja en esta etapa es la gestión del tiempo. El discurso debe ajustarse al límite de entre 4 y 5 minutos, lo que implica practicar el ritmo y la estructura para garantizar que el mensaje se entregue de manera completa y efectiva dentro del tiempo asignado. La capacidad para controlar el tiempo refuerza la claridad y la precisión del discurso, permitiendo que el mensaje tenga el impacto deseado.

El reto consiste en encontrar un equilibrio entre naturalidad y control, de manera que el discurso fluya de forma espontánea, pero a la vez estructurada. La puesta en escena es el espacio donde la creatividad, el análisis y la autenticidad convergen para transformar el discurso en una experiencia memorable.

A continuación, pasamos a describir los posibles logros en las habilidades durante esta etapa:

## Tabla 10. Desarrollo de habilidades en la etapa "Puesta en pie"

| | |
|---|---|
| Motivación y autoconocimiento | En la etapa de puesta en escena, la motivación se desarrolla a través del proceso de ensayo y preparación. El acto de enfrentarse al reto de comunicar el discurso impulsa al participante a conectar con el propósito detrás de su mensaje, reforzando la motivación para transmitirlo de manera clara y auténtica. La mejora progresiva durante los ensayos y la confianza que se va adquiriendo al ajustar el contenido y la forma de comunicar fortalecen la seguridad y el compromiso con el mensaje. El autoconocimiento se desarrolla al observar y ajustar la propia manera de comunicar durante los ensayos. El participante toma conciencia de su tono de voz, lenguaje corporal y ritmo, identificando lo que funciona y lo que necesita mejorar. Este proceso de autoevaluación y ajuste permite reconocer patrones personales de comunicación y afinar el estilo propio para que el discurso refleje autenticidad y coherencia con la identidad personal. |
| Orientación al servicio | Se desarrolla al reflexionar sobre el impacto que tendrá el discurso en la audiencia. El participante ajusta el tono, el ritmo y el contenido para asegurar que el mensaje sea claro, accesible y relevante para el público. A medida que ensaya, va tomando conciencia de las necesidades de la audiencia, adaptando la estructura y el lenguaje para que el mensaje conecte emocional e intelectualmente con quienes lo escuchan. Este proceso refuerza la capacidad para poner el foco en el otro y en cómo el discurso puede aportar valor a los demás. |
| Curiosidad y aprendizaje continuo | La curiosidad impulsa al participante a explorar diferentes formas de comunicar el mensaje, probando variaciones en el tono, el ritmo y la estructura para descubrir qué genera una mayor conexión con el público. El aprendizaje continuo se desarrolla a través de la retroalimentación y la autoevaluación durante los ensayos. El participante identifica qué partes del discurso funcionan mejor, qué aspectos necesitan ser ajustados y cómo puede mejorar la claridad y el impacto del mensaje. Este proceso de prueba, ajuste y mejora fortalece la capacidad para adaptar la comunicación y aumentar la efectividad del discurso. |

Fuente: Elaboración propia

Esta segunda fase culmina un proceso de exploración y conexión personal a través del arte. Las tres etapas que comprende, la selección de la obra y de la habilidad directiva, la elaboración del discurso y la preparación de la puesta en escena, permiten al participante recorrer un camino que va desde la introspección hasta la expresión pública. La elección de la obra de arte y de la habilidad impulsa una reflexión profunda sobre el propio estilo de liderazgo, mientras que la elaboración del discurso activa las habilidades de pensamiento y comunicación para construir un mensaje coherente y auténtico. Finalmente, la preparación de la puesta en escena refuerza la seguridad y la capacidad para conectar con la audiencia, integrando el contenido emocional y simbólico de la obra en una experiencia de comunicación auténtica. Este proceso no solo consolida competencias directivas clave, sino que también refuerza la capacidad para liderar desde un espacio de autenticidad y propósito.

Ilustración 5: Experiencia fase *Selecting*. Programa Icónico de *Skills&Art* (2023)

**Foto:** Barna Management School

## Metáfora de Selecting: "Cruce"

Un cruce de caminos no es solo un punto de paso; es el instante en el que la decisión marca el futuro. Como en Cruce de caminos en un bosque de Jan Jansz Van der Heyden, donde los senderos se bifurcan y cada uno lleva a un destino distinto, la fase de Selecting es el momento en que las posibilidades se despliegan ante nosotros. Cada ruta es una opción, cada elección, una proyección del propósito que guía nuestro camino.

Hemos elegido esta obra porque representa visualmente, con una serenidad casi teatral, la tensión que habita en todo proceso de elección. En ella, la aparente calma del paisaje contrasta con la inquietud simbólica de los caminos que se abren. Los personajes caminan, se cruzan, se detienen, pero el bosque al fondo permanece en penumbra, como recordando que elegir también implica renunciar. Van der Heyden convierte el paisaje en un escenario de decisiones silenciosas, donde cada figura parece actuar guiada por una intención.

La fuerza de la metáfora está en que, al igual que liderar, elegir un camino requiere no solo de la capacidad de interpretar el entorno, sino de la agilidad y flexibilidad para adaptarse a lo incierto. El arte, al igual que un cruce de caminos, no solo invita a decidir, sino a conectar con lo esencial para avanzar con claridad.

Ilustración 6. Jan Jansz Van der Heyden, "Cruce de caminos en un bosque" (Siglo XVII).

© Museo Nacional Thyssen-Bornemisza

Después de haber surcado el mar, atravesando mares desconocidos y aprendiendo a navegar entre las corrientes, me encontré frente a un cruce. Las aguas ya no me guiaban, y las sendas que se abrían ante mí no eran tan claras como las que había seguido antes. La niebla del camino cubría mis pasos, y el horizonte, aunque visible, parecía impreciso. Al igual que cuando el viento cambia inesperadamente, sentí que debía decidir, pero sin tener certeza de lo que encontraría.

De repente, comprendí que este cruce no era solo un punto físico, sino un momento decisivo. Cada ruta representaba algo diferente, y la dificultad no radicaba en cuál seguir, sino en cómo interpretaba la incertidumbre. Al igual que cuando ajusté las velas en el barco, aquí debía ajustar mi forma de pensar, mis emociones y mis expectativas. La resiliencia que había cultivado a lo largo del viaje me permitió mantenerme firme, sin caer en el desconcierto, mientras tomaba decisiones sin tener todos los elementos claros.

La flexibilidad se hizo esencial en este momento: las sendas no eran definitivas, y me di cuenta de que podía cambiarlas o adaptarme según lo necesitara. No se trataba de seguir una ruta rígida, sino de estar dispuesto a modificar mi rumbo, aprender de los imprevistos y explorar nuevas posibilidades. La agilidad de pensamiento me permitió, al instante, tomar decisiones con rapidez y sin dudar, adaptándome al entorno cambiante que el cruce me ofrecía.

Este cruce, lejos de ser un obstáculo, se convirtió en una invitación a la introspección. Era el lugar donde se revelaba mi capacidad para elegir con confianza, enfrentando la incertidumbre no con miedo, sino con curiosidad y determinación. Ya no se trataba de saber qué camino tomar, sino de cómo gestionar el proceso, cómo escuchar las señales que el camino me ofrecía y cómo seguir avanzando, sin perder mi propósito. Así, con cada decisión, entendí que el valor no estaba en el destino final, sino en el coraje para elegir mi dirección en medio de lo incierto.

### Logros "Cruce"

Y como cada cruce deja una marca en el camino, una huella en el polvo que revela las decisiones tomadas y los retos enfrentados. Los logros cruce son las habilidades que emergen tras haber interpretado las señales y haber elegido el camino. Son las herramientas que ahora te acompañan en la travesía: la capacidad para analizar el terreno, adaptarte a las bifurcaciones y avanzar con seguridad incluso cuando el horizonte es incierto. Aquí están las claves que te permitirán seguir caminando, con la certeza de que cada elección construye tu propio rumbo.

**Figura 5.** Logros "Cruce"

**Logros Cruce**

Orientación al servicio

Motivación y autoconocimiento

Pensamiento creativo

Curiosidad y aprendizaje continuo

Resiliencia, flexibilidad y agilidad

Pensamiento analítico

**Fuente:** Elaboración propia

## 3. Staging

Esta fase marca el momento en el que el discurso cobra vida y el participante expone públicamente el resultado de todo el proceso de reflexión, análisis y preparación. Esta fase se desarrolla en el Museo, un entorno cargado de simbolismo y significado que refuerza la conexión entre el arte y el liderazgo. El espacio museístico no es solo un escenario físico, sino un entorno que influye directamente en la experiencia y el impacto del discurso. El museo, por su propia naturaleza, es un espacio de contemplación y exploración creativa que estimula el pensamiento y la reflexión. Este contexto artístico facilita una conexión más profunda entre el mensaje y el público, ya que el arte tiene la capacidad de activar respuestas emocionales y simbólicas que refuerzan la comprensión y el impacto del discurso.

El hecho de presentar el discurso en un museo también promueve una mayor creatividad e innovación en la exposición, ya que el ambiente artístico invita a explorar enfoques diferentes y a experimentar con el lenguaje, el ritmo y la gestualidad. Además, el museo proporciona un espacio de aprendizaje y reflexión, donde la atmósfera cultural facilita una disposición mental más abierta y receptiva, tanto para el participante como para el público. Este entorno simbólico y culturalmente significativo potencia el mensaje del discurso, otorgándole una dimensión más trascendente y conectada con los valores personales y colectivos.

La exposición se convierte en una forma de cultura experiencial, donde el participante no solo comunica un mensaje, sino que también involucra al público en una experiencia simbólica y emocional que trasciende la simple transmisión de información. El acto de comunicar va más allá de las palabras: se transforma en una vivencia compartida que invita a la reflexión y a la conexión personal. Además, está demostrado que el aprendizaje es mucho más profundo y duradero cuando está vinculado a una experiencia emocional. Las emociones activan el sistema límbico, la parte del cerebro relacionada con la memoria y el aprendizaje, lo que facilita que la información se procese y retenga con mayor eficacia. La combinación de contenido intelectual y respuesta emocional convierte el discurso en una experiencia transformadora tanto para el participante como para el público.

En esta fase, el participante no solo transmite el contenido de su discurso, sino que también pone en juego su capacidad para conectar con la audiencia, gestionar el tiempo y adaptar el tono y la energía en función de la respuesta del público. La presentación se convierte en una experiencia real de liderazgo, donde el participante demuestra no solo su comprensión de la obra y de la habilidad directiva, sino también su capacidad para comunicar de manera auténtica, inspiradora y efectiva.

A continuación, exploraremos las etapas que componen esta fase.

### a) Introducción y puesta a punto en el Museo

Antes de comenzar la exposición de los discursos, la persona que dirige la actividad realizará una introducción para ofrecer a los participantes una visión clara sobre la organización del recorrido y la distribución de los tiempos. Esta fase es esencial para garantizar que la experiencia se desarrolle de manera ordenada y fluida, proporcionando a cada participante el espacio y el tiempo adecuados para presentar su discurso.

En esta introducción, también se recordarán algunas pautas clave relacionadas con la gestión del tiempo, la conexión con el público y la actitud durante la presentación. Este momento permite reforzar la confianza y la seguridad de los participantes, asegurando que comprendan la dinámica de la actividad y puedan centrarse plenamente en la exposición de su mensaje.

Justo antes de iniciar el recorrido, se llevará a cabo una dinámica de creatividad utilizando un pañuelo para romper el hielo y ayudar a los participantes a liberar tensión. Esta actividad está diseñada para estimular la espontaneidad y la creatividad, relajando el ambiente y facilitando que los participantes entren en un estado mental más abierto y receptivo. La combinación de orientación estructurada y una dinámica creativa genera un equilibrio perfecto entre control y libertad, preparando a los participantes para una experiencia comunicativa más auténtica y fluida.

A continuación, pasamos a detallar los posibles logros de las habilidades.

Tabla 11. Desarrollo de habilidades en la etapa "Introducción y puesta a punto en el Museo"

| Flexibilidad y agilidad | La flexibilidad se desarrolla al adaptarse a las instrucciones y dinámicas que se presentan en ese momento. La organización del recorrido, la distribución de los tiempos y las pautas para la presentación pueden requerir ajustes sobre la marcha, lo que implica estar abierto a posibles cambios y responder con naturalidad ante situaciones imprevistas. La flexibilidad también se trabaja en la dinámica de creatividad con el pañuelo, ya que esta actividad impulsa a los participantes a salir de su zona de confort y a explorar respuestas espontáneas y creativas. La agilidad se desarrolla en la capacidad para asimilar rápidamente la información proporcionada en la introducción y ajustar la preparación personal en función de las pautas y el tiempo disponible. La dinámica de creatividad también potencia la agilidad mental al exigir respuestas rápidas y adaptativas, lo que ayuda a que el participante entre en una dinámica de atención plena y reacción rápida, factores clave para afrontar la exposición con confianza y fluidez. |
|---|---|

| Curiosidad y aprendizaje continuo | En la etapa de orientación, la curiosidad se desarrolla al recibir las instrucciones sobre la organización del recorrido y las pautas para la presentación. Los participantes pueden sentirse motivados a explorar cómo estructurar mejor su discurso o cómo interactuar de manera más efectiva con el público. La dinámica de creatividad con el pañuelo también despierta la curiosidad, ya que impulsa a buscar nuevas formas de expresión y a observar cómo los demás responden creativamente a la misma actividad. El aprendizaje continuo se activa a medida que los participantes procesan las instrucciones y adaptan su enfoque en función de las pautas recibidas. La dinámica inicial ofrece un espacio para probar y experimentar diferentes respuestas, lo que permite a los participantes ajustar su actitud y estrategia de comunicación en tiempo real. Este proceso refuerza la capacidad de aprender sobre la marcha y aplicar esos aprendizajes en la presentación del discurso. |

Fuente: Elaboración propia

## b) Exposición del discurso

La exposición del discurso es el momento culminante de la fase de Staging, donde el participante presenta su interpretación y reflexión personal delante de la obra de arte que ha elegido. Lo que diferencia esta experiencia de cualquier otra presentación es precisamente el contexto museístico y la presencia de la obra de arte, que no solo refuerza el mensaje, sino que tiene un efecto directo en la persona que expone. Esa obra le ha interpelado personalmente, ha resonado en su interior y ha permitido que el discurso nazca desde el ser, desde un lugar de autenticidad y verdad. Aquí la emoción juega un papel esencial, porque lo que se comunica no es solo un análisis o una interpretación, sino una experiencia íntima y vivida.

Esta conexión emocional también alcanza a la audiencia. Como señala Bill Viola (2021)[22], *el lugar más importante en que cobra vida una obra de arte es en la mente del espectador que la contempla.* La presencia de la obra potencia la capacidad del público para conectar con el mensaje, ya que el arte, por su naturaleza, despierta emociones y activa una respuesta simbólica que refuerza la comprensión y el impacto del discurso. Esta dimensión emocional está directamente ligada a la función esencial del arte, ya que, como también señala Viola, *el arte es el proceso de despertar el alma.*

Este acto de comunicación, donde el arte y la palabra se encuentran, transforma la exposición en una experiencia compartida que trasciende la simple transmisión de un mensaje y se convierte en una vivencia auténtica y memorable para ambas partes: expositor y audiencia.

Seguidamente, presentaremos los logros que se pueden alcanzar en el desarrollo de las habilidades.

22. Viola, B. (2021). *El arte de despertar el alma.* Crónica Global. https://cronicaglobal.elespanol.com/letraglobal/artes/20200209/bill-viola-el-arte-de-despertar-alma/466203424_0.html

**Tabla 12. Desarrollo de habilidades en la etapa "Exposición del discurso"**

| Resiliencia, flexibilidad y agilidad | En la exposición del discurso, la resiliencia, la flexibilidad y la agilidad se desarrollan de manera profunda, ya que el acto de presentar delante de una obra de arte y ante un público genera una situación que exige adaptación, control emocional y respuesta rápida. |
|---|---|
| | La resiliencia se trabaja al enfrentarse a la vulnerabilidad que implica hablar desde el ser, desde un espacio de autenticidad. Si surgen nervios, dudas o algún error durante la presentación, la resiliencia permite sostener la calma, recuperarse rápidamente y continuar con seguridad, manteniendo la conexión con el público y con el mensaje. |
| | La flexibilidad se desarrolla en la capacidad para adaptar el discurso y la manera de comunicar en función de la respuesta del público o de las circunstancias del entorno. La presencia de la obra de arte y las reacciones de la audiencia generan estímulos constantes que el participante debe interpretar y gestionar en tiempo real, ajustando el tono, el ritmo o el enfoque para mantener el impacto del mensaje. |
| | La agilidad entra en juego cuando el participante debe reaccionar rápidamente ante cualquier imprevisto o cambio en la dinámica de la exposición, como una pregunta inesperada o una reacción emocional del público. La capacidad para reorganizar el discurso sobre la marcha y mantener el foco refuerza la seguridad y la autenticidad en la exposición. |
| | Exponer delante de una obra de arte y ante un público convierte la comunicación en una experiencia viva y dinámica, donde resiliencia, flexibilidad y agilidad se integran para permitir que el discurso fluya con naturalidad y mantenga su impacto emocional y simbólico. |

| | |
|---|---|
| Liderazgo e influencia social | En esta etapa, el liderazgo y la influencia social se desarrollan al asumir el reto de comunicar desde el ser, sosteniendo la atención del público mediante un discurso auténtico y coherente. La presencia de la obra de arte refuerza el mensaje y facilita una conexión emocional que potencia la capacidad para inspirar y persuadir. La respuesta simbólica y emocional que genera la obra permite que el público se involucre activamente en el mensaje, aumentando el impacto del discurso y reforzando la credibilidad del participante. Este proceso impulsa un liderazgo trascendente, orientado al servicio, donde el mensaje no solo busca transmitir una idea, sino dejar una huella en la audiencia, provocando una reflexión que inspire a la acción y al crecimiento personal y colectivo. |
| Motivación y autoconocimiento | En la etapa, la motivación y el autoconocimiento se refuerzan al enfrentarse al reto de comunicar desde la autenticidad. La motivación surge de la conexión personal con la obra de arte y con el propósito del mensaje, impulsando al participante a transmitirlo con convicción y energía. El autoconocimiento se manifiesta en la capacidad para ajustar el tono, el ritmo y el lenguaje corporal de acuerdo con el propio estilo de comunicación, reconociendo fortalezas y áreas de mejora en tiempo real. Esta combinación permite que el discurso nazca desde un espacio de autenticidad y coherencia, generando una conexión emocional genuina con la audiencia y reforzando la seguridad y el impacto personal. |

| Empatía y escucha activa | Se desarrollan al establecer una conexión auténtica con el público durante la exposición. La empatía surge al interpretar las reacciones emocionales de la audiencia y adaptar el tono y el ritmo del discurso para responder a esas señales. La escucha activa se manifiesta en la capacidad para percibir gestos, expresiones y respuestas sutiles del público, ajustando el mensaje y la energía de manera flexible para mantener la atención y reforzar la conexión. Además, sabiendo que posteriormente se dará *feedback*, el participante debe estar especialmente atento a las respuestas del público para recoger información valiosa que le permita mejorar su capacidad de comunicación. La empatía también se fortalece por el hecho de que todos los participantes están en la misma situación de vulnerabilidad, lo que crea un espacio compartido de comprensión y facilita una conexión más genuina y profunda. |
|---|---|
| Gestión de talento | El participante debe reconocer y aprovechar sus fortalezas personales, como la capacidad de síntesis, la expresión corporal o la creatividad, para transmitir el mensaje con claridad e impacto. La capacidad para interpretar las reacciones de la audiencia y adaptar el discurso en tiempo real refleja la habilidad para gestionar no solo el propio talento, sino también el potencial de la situación para conectar y persuadir. La preparación y la exposición se convierten así en una oportunidad para consolidar la autoconfianza y la capacidad de reconocer y potenciar el talento propio y ajeno. |

| Orientación al servicio | Se trabaja al construir el discurso desde la propia experiencia y conocimiento con el propósito de aportar valor a los demás. El participante no solo comparte su interpretación personal de la obra, sino que adapta el mensaje para que resuene y tenga sentido para quienes lo escuchan. Para que esto suceda, es fundamental que haya autenticidad y humildad, ya que solo desde un discurso honesto y sin pretensiones es posible establecer una conexión genuina con la audiencia. Este proceso activa las habilidades de pensamiento y de comunicación, ya que requiere estructurar el discurso de manera clara y conectar emocionalmente con la audiencia para transmitir un mensaje significativo. Esta forma de comunicar refuerza el liderazgo trascendente, que no se centra en transmitir lo que uno desea decir, sino en comprender lo que la audiencia necesita escuchar, ajustando el tono y el contenido para ofrecer una experiencia que inspire y genere reflexión. |
|---|---|
| Curiosidad y aprendizaje continuo | La curiosidad y el aprendizaje continuo se desarrollan a través del proceso de exposición y la interacción con el público. La curiosidad impulsa al participante a explorar nuevas formas de transmitir el mensaje, probando diferentes tonos, ritmos y enfoques para captar la atención y generar una respuesta emocional en la audiencia. También implica estar receptivo a las reacciones del público, interpretando sus señales y ajustando el discurso en tiempo real para fortalecer la conexión. El aprendizaje continuo se activa al descubrir qué partes del mensaje generan mayor impacto y qué aspectos pueden mejorarse. La experiencia de enfrentarse a un entorno dinámico, donde la obra de arte y la respuesta del público influyen directamente en el desarrollo del discurso, permite que el participante refine sus habilidades de comunicación y liderazgo. Esta combinación de exploración y adaptación fortalece la capacidad para seguir aprendiendo de cada experiencia y para incorporar ese conocimiento en futuras interacciones. |

Fuente: Elaboración propia

## c) Reciprocidad de la escucha activa

La escucha activa adquiere una dimensión de reciprocidad en la etapa de *Staging*, ya que los participantes que escuchan las exposiciones no solo asumen el rol de audiencia, sino que también tienen la responsabilidad de ofrecer un *feedback* efectivo una vez concluido el discurso. Para poder dar una respuesta constructiva y útil, es necesario prestar atención plena al contenido del mensaje, a las emociones que transmite el participante y a la manera en que se estructura el discurso.

Este ejercicio de escucha activa implica captar no solo las palabras, sino también el lenguaje no verbal, el tono y el ritmo de la exposición. Al tomar nota de los puntos clave y de las posibles áreas de mejora, los participantes desarrollan la capacidad de interpretar el mensaje desde una actitud de comprensión y empatía. Este proceso refuerza la atención sostenida y la capacidad para analizar de manera crítica y reflexiva el mensaje del otro.

La práctica constante de escuchar para ofrecer *feedback* no solo fortalece la capacidad de observación y análisis, sino que también mejora la propia habilidad para comunicar, ya que entender cómo se recibe un mensaje permite ajustar y perfeccionar la manera en que uno mismo transmite sus ideas. Esta reciprocidad convierte la escucha activa en una herramienta de crecimiento colectivo, donde cada participante aprende tanto desde la experiencia de exponer como desde la de escuchar y aportar valor a los demás.

Veamos cómo se desarrollan cada una de las habilidades en esta etapa.

## Tabla 13. Desarrollo de habilidades en la etapa "Reciprocidad de la escucha activa"

| Resiliencia, flexibilidad y agilidad | En la etapa de reciprocidad de la escucha activa, la resiliencia, la flexibilidad y la agilidad se desarrollan mientras los participantes escuchan atentamente los discursos para, en la siguiente etapa, ofrecer un *feedback* efectivo. La resiliencia se trabaja al mantener la concentración y la apertura durante todo el proceso de escucha, especialmente cuando el mensaje es complejo o puede generar una respuesta emocional; implica sostener la atención sin dejarse llevar por juicios precipitados o reacciones personales, permitiendo que el mensaje llegue en su totalidad antes de formar una opinión. La flexibilidad se manifiesta en la capacidad para interpretar el mensaje desde distintos enfoques, tratando de comprender no solo el contenido literal, sino también las intenciones, emociones y matices que acompañan al discurso; implica estar dispuesto a cambiar la percepción inicial y adaptar la respuesta en función de lo que se descubre al escuchar en profundidad. La agilidad entra en juego en la capacidad para captar rápidamente las ideas clave, identificar los puntos fuertes y las áreas de mejora, y estructurar mentalmente una respuesta que sea clara, precisa y útil para el orador, lo que requiere una atención activa y una rápida capacidad de análisis. Al mismo tiempo, quien expone también trabaja estas habilidades al adaptar su discurso a lo que perciba de la audiencia, ajustando el tono, el ritmo y el contenido en función de la respuesta que recibe en tiempo real. |
|---|---|

| | |
|---|---|
| Empatía y escucha activa | En la etapa la empatía y la escucha activa se desarrollan mientras los participantes prestan atención a los discursos para poder ofrecer después un *feedback* efectivo. La propia idea de reciprocidad implica una escucha activa real, donde se trata de comprender el mensaje desde la experiencia y la intención del otro, no solo desde el contenido literal. La empatía implica interpretar el lenguaje corporal y el tono emocional para comprender el mensaje en su totalidad. La escucha activa se desarrolla al mantener la atención plena en el discurso, mostrando interés a través de gestos y respuestas no verbales que refuercen la conexión con quien está exponiendo. Esta combinación permite estructurar después un *feedback* que valore tanto el contenido como el proceso emocional que ha implicado para el orador. Al mismo tiempo, quien expone también trabaja estas habilidades al interpretar las señales de la audiencia y ajustar el discurso para reforzar la conexión y el impacto del mensaje. |
| Orientación al servicio | Se desarrolla al escuchar con la intención de ofrecer un *feedback* que realmente aporte valor a quien expone. No se trata solo de escuchar para responder, sino de escuchar para comprender y para identificar cómo ayudar a mejorar el mensaje y la manera de comunicarlo. La orientación al servicio implica estar atento no solo al contenido del discurso, sino también a las emociones, intenciones y posibles dificultades que enfrenta quien expone, para poder ofrecer después un *feedback* que sea útil y respetuoso. Al mismo tiempo, quien expone también trabaja la orientación al servicio al adaptar el discurso a las reacciones de la audiencia, buscando conectar y aportar valor a quienes escuchan |

| Curiosidad y aprendizaje continuo | Se trabajan a través de la actitud de exploración y apertura durante el proceso de escucha. La curiosidad impulsa a prestar atención no solo al contenido del discurso, sino también a las ideas, perspectivas y enfoques que ofrece quien expone, tratando de descubrir algo nuevo o inesperado en la manera de comunicar o interpretar el mensaje. Este proceso permite ampliar la propia comprensión y activar nuevas formas de pensar y de comunicar. El aprendizaje continuo se fortalece al observar cómo los demás estructuran y transmiten sus discursos, reconociendo qué funciona bien y qué puede mejorarse, e integrando esos aprendizajes en la propia manera de comunicar. Al mismo tiempo, quien expone también trabaja estas habilidades al interpretar las reacciones del público y adaptar el discurso en tiempo real, ajustando el tono y el ritmo para mantener la conexión y reforzar el impacto del mensaje. |
|---|---|

Fuente: Elaboración propia

La fase de *Staging* representa uno de los momentos más importantes y transformadores de la metodología, ya que es el punto en el que el proceso interno de reflexión y preparación se convierte en una experiencia real de comunicación y liderazgo. Exponer el discurso delante de una obra de arte y ante una audiencia obliga al participante a integrar todas las habilidades trabajadas previamente —desde la claridad en el mensaje hasta la conexión emocional con el público— para construir una comunicación auténtica y efectiva. La reciprocidad de la escucha activa refuerza este proceso, ya que quien expone no solo transmite, sino que también interpreta las reacciones de la audiencia y ajusta el discurso en tiempo real, fortaleciendo la capacidad de adaptación y la influencia social. Al mismo tiempo, quienes escuchan practican la empatía y la capacidad de análisis para ofrecer después un *feedback* útil y respetuoso. Esta fase no solo consolida las competencias adquiridas, sino que también deja una huella en el participante y en la audiencia, convirtiendo el acto de comunicar en una experiencia de impacto personal y colectivo que perdura más allá del momento de la exposición.

Ilustración 7. Experiencia fase *Staging*. Programa Icónico de *Skills&Art* (2024)

**Foto:** Lucía Pérez-Pérez

*Metáfora de Staging: Jardín*

Como en *El hipódromo* (*Piazza Siena, Jardines Borghese, Roma*) *de Maurice Prendergast* donde la naturaleza y el color se fusionan para crear un espacio lleno de vida, esta fase representa el lugar donde lo aprendido se cultiva y crece. Al igual que en un jardín, las habilidades desarrolladas a lo largo del proceso empiezan a entrelazarse, formando una base sólida para el futuro. Aquí, la reflexión y el esfuerzo se transforman en una experiencia enriquecedora, donde cada paso dado hacia el autoconocimiento y la mejora se convierte en un brote que, con el tiempo, dará frutos.

Hemos seleccionado esta obra porque su atmósfera de celebración íntima, rodeada de vegetación y figuras en movimiento, evoca con delicadeza ese momento de maduración que ocurre cuando las ideas y competencias empiezan a florecer. El cuadro sugiere una escena coreografiada, donde cada personaje forma parte de una armonía colectiva, como en un equipo bien alineado. La pincelada suave, casi etérea, aporta una sensación de ligereza que contrasta con la solidez de lo que está tomando forma: una identidad profesional que se expresa, se relaciona y se proyecta. Este jardín no solo representa crecimiento, sino también puesta en escena: lo interior empieza a manifestarse afuera.

Ilustración 8. Maurice Prendergast (1898). El hipódromo (Piazza Siena, Jardines Borghese, Roma) (Aguarela sobre papel).

El sendero elegido en el cruce me condujo a través de paisajes cambiantes, hasta que, sin previo aviso, se abrió ante mí un jardín. No era un jardín cualquiera. Era un lugar donde todo lo vivido encontraba forma, donde el tiempo se detenía justo antes de decir algo importante.

El aire era distinto. Se respiraba con más consciencia. Las sombras de los árboles no ocultaban, sino que revelaban. Y allí, en medio de aquella claridad, supe que había llegado el momento de ofrecer algo al mundo. No como respuesta, sino como regalo. Lo que había aprendido, lo que había sentido, todo lo que me había transformado, tenía que ser compartido.

Sabía que no estaba solo. Otras presencias también se preparaban para hablar con voz propia. En este jardín no se compite. Se florece. Porque aquí, lo que nos mueve no es la perfección, sino la autenticidad. No es el aplauso, sino el encuentro.

El jardín no exige. Escucha. Y es en esa escucha donde todo se transforma. Porque cuando el otro te mira sin juzgar, cuando te devuelves en sus ojos, entonces ocurre lo esencial: algo verdadero se siembra. Y ese algo puede quedarse para siempre.

Todavía quedaba un paso más. Y lo sabía. Pero ahora caminaba con otra raíz.

## Logros "Jardín"

Y como cada jardín revela el cuidado que lo hizo florecer, esta fase muestra los brotes visibles de todo lo sembrado. Los logros jardín son las habilidades que emergen tras haber cultivado el pensamiento con tiempo, regado la autenticidad con presencia y abonado la palabra con emoción. Son señales de un liderazgo que no impone, sino que invita; que no se alza, sino que conecta. Aquí están las herramientas que echan raíces en lo vivido y florecen en lo compartido, preparándote para lo que está por venir.

Figura 6. Logros "Jardín"

## Logros Jardín

**Fuente:** Elaboración propia

## 4. Feedback

La fase de *feedback* es un momento clave para consolidar el aprendizaje y reforzar el autoconocimiento. Después de la exposición del discurso en la fase de *Staging*, el participante recibe una devolución estructurada que le permite reflexionar sobre su desempeño, identificar fortalezas y detectar áreas de mejora. El *feedback* no solo sirve para perfeccionar la capacidad de comunicar, sino que también impulsa una mayor comprensión sobre el propio estilo de liderazgo y la manera en que el mensaje es percibido por los demás.

Esta fase permite que el participante integre las observaciones recibidas y ajuste su manera de comunicar para aumentar el impacto y la claridad del mensaje. El *feedback* también funciona como una herramienta de aprendizaje colectivo, ya que escuchar las devoluciones ofrecidas a otros participantes amplía la perspectiva y permite incorporar nuevas estrategias de comunicación y liderazgo. A través de este proceso, el participante refuerza la capacidad de interpretar las respuestas del entorno, ajustar su mensaje y fortalecer la conexión con la audiencia.

Veamos las etapas que componen la fase:

### Hetero-comunicación

La etapa de hetero-comunicación está diseñada para ofrecer al participante una visión externa y detallada sobre su desempeño durante la exposición del discurso. Nada más finalizar el discurso, los demás participantes dispondrán de dos minutos para redactar un *feedback* estructurado que enviarán de forma privada por WhatsApp directamente a la persona que ha realizado la exposición. Este proceso permite que el participante reciba una retroalimentación directa, sincera y detallada, pero también personal e individualizada.

El *feedback* escrito responde a cuatro preguntas clave que permiten evaluar distintos aspectos del discurso y de la manera de comunicar: 1. Cómo te he visto (lenguaje corporal, postura, contacto visual, gestos).

2. Cómo te he oído (contenido del discurso, estructura, claridad, tono de voz). 3. Qué creo que puedes mejorar (puntos débiles o aspectos que podrían ajustarse para mejorar la efectividad del mensaje). 4. Qué es lo que más me ha gustado de tu discurso (punto fuerte o elemento que ha causado mayor impacto).

Mientras los participantes están escribiendo sus respuestas, la persona que dirige la sesión dará un *feedback* verbal directo al participante que ha expuesto. Este *feedback*, más inmediato y directo, permitirá destacar los elementos más importantes de la intervención, reforzar los puntos positivos y señalar las áreas de mejora de manera constructiva. Esta combinación de *feedback* privado y *feedback* directo permite que el participante reciba una retroalimentación completa, tanto desde la percepción individual de cada compañero como desde el análisis más técnico y estratégico de la persona que dirige la sesión.

Las habilidades en esta etapa se desarrollarán:

Tabla 14. Desarrollo de habilidades en la etapa "Hetero-comunicación"

| Pensamiento analítico | En la etapa de hetero-comunicación, el pensamiento analítico se desarrolla al evaluar de manera estructurada el discurso de la persona que ha expuesto. Quien da el *feedback* debe observar y analizar tanto el lenguaje corporal como el contenido del mensaje, identificando qué elementos han funcionado y cuáles pueden mejorarse. Este proceso implica separar la impresión general del discurso de los detalles técnicos y emocionales, aplicando un análisis crítico para ofrecer una retroalimentación clara y específica. Al mismo tiempo, quien recibe el *feedback* trabaja el pensamiento analítico al interpretar las observaciones recibidas, identificar patrones y extraer conclusiones sobre cómo mejorar la estructura, el contenido y el estilo de comunicación. |
|---|---|

| | |
|---|---|
| Resiliencia, flexibilidad y agilidad | Se desarrollan de manera complementaria durante el proceso de *feedback*. La resiliencia se trabaja al recibir las observaciones, especialmente cuando incluyen críticas o sugerencias de mejora; el participante debe mantener una actitud abierta y equilibrada para procesar el *feedback* de manera constructiva, sin que las críticas afecten a la confianza o la motivación, y que le ayude a verlo como una ganancia. La flexibilidad se desarrolla al interpretar las distintas perspectivas recogidas y estar dispuesto a adaptar ciertos aspectos del discurso o de la manera de comunicar, integrando las sugerencias para mejorar el impacto del mensaje. La agilidad entra en juego al procesar rápidamente las observaciones, identificar patrones y ajustar de manera inmediata las estrategias de comunicación para incorporar las mejoras sugeridas en futuras intervenciones. |
| Pensamiento creativo | el pensamiento creativo se desarrolla al interpretar el *feedback* recibido y explorar nuevas maneras de mejorar el discurso y la forma de comunicar. Las observaciones de los compañeros y del experto aportan diferentes perspectivas que pueden inspirar enfoques innovadores para ajustar el tono, la estructura o el ritmo del mensaje. El participante debe aplicar creatividad para integrar esas sugerencias de manera auténtica, buscando formas originales de reforzar el impacto y la conexión con la audiencia. Además, al identificar las fortalezas señaladas en el *feedback*, el participante puede explorar cómo potenciarlas mediante recursos creativos, como variaciones en el lenguaje corporal, el uso de pausas o la combinación de elementos simbólicos y emocionales en el discurso. |

| | |
|---|---|
| Motivación y autoconocimiento | La motivación se fortalece cuando el participante recibe comentarios positivos y observa que su mensaje ha generado impacto en la audiencia, lo que refuerza la confianza y el impulso para seguir mejorando. También las críticas constructivas bien hechas, pueden motivar, al señalar áreas de mejora concretas que ofrecen una oportunidad de crecimiento. |
| | El autoconocimiento se profundiza al reflexionar sobre el *feedback* recibido, ya que el participante toma conciencia de cómo es percibido por los demás. Este proceso permite reconocer fortalezas que quizá no eran evidentes y detectar patrones en la manera de comunicar que pueden ajustarse para aumentar la claridad y el impacto del discurso. |
| Empatía y escucha activa | La empatía y la escucha activa se desarrollan tanto en quien da como en quien recibe el *feedback*. Quien ofrece el *feedback* trabaja la empatía al intentar comprender el esfuerzo y la vulnerabilidad que implica exponer un discurso, buscando ofrecer una retroalimentación constructiva y respetuosa que valore el trabajo realizado y ayude a mejorar sin desmotivar. La escucha activa se pone en práctica al captar todos los matices del discurso para poder dar una respuesta precisa y útil. |
| | Quien recibe el *feedback* también trabaja la empatía al interpretar las observaciones desde una actitud de comprensión, entendiendo que las críticas están dirigidas a mejorar el desempeño y no a cuestionar el valor personal. La escucha activa se desarrolla al recibir el *feedback* con atención plena, sin interrumpir ni reaccionar de manera defensiva, asimilando las observaciones para poder procesarlas y aplicarlas de manera efectiva en futuras intervenciones. Este proceso refuerza la capacidad de dar y *recibir* feedback desde un espacio de respeto y comprensión mutua. |

| | |
|---|---|
| Orientación al servicio | La orientación al servicio se desarrolla al ofrecer un *feedback* que realmente aporte valor a la otra persona, pensando en lo que necesita para mejorar y no solo en lo que uno percibe o espera. Dar *feedback* implica ir más allá de una opinión personal para interpretar qué observaciones serán útiles y aplicables para el crecimiento del otro. Para ello, es necesario escuchar con atención, interpretar el mensaje desde la perspectiva de quien lo ha comunicado y estructurar una respuesta que sea clara, directa y respetuosa. La orientación al servicio también se manifiesta en la intención de ayudar a que el otro refine su capacidad de comunicar y aumente su confianza. Recibir el *feedback* con apertura y disposición a ajustarlo para conectar mejor con la audiencia también refleja esta capacidad de servicio, ya que implica adaptar el mensaje para que sea más claro, útil y accesible para quienes lo reciben. |
| Curiosidad y aprendizaje continuo | Estas dos habilidades se trabajan al abordar el proceso de *feedback* como una oportunidad para descubrir nuevas formas de comunicar y mejorar el impacto del mensaje. Quien da el *feedback* trabaja la curiosidad al tratar de comprender en profundidad el discurso, explorando las intenciones detrás del mensaje y observando cómo el lenguaje corporal y el tono influyen en la recepción del público. Esta actitud de exploración impulsa a buscar patrones y a identificar qué elementos funcionan mejor, fomentando un análisis más profundo y detallado. <br><br> Quien recibe el *feedback* también trabaja la curiosidad al interpretar las observaciones con una mente abierta, tratando de descubrir cómo puede aplicar las sugerencias para mejorar su estilo de comunicación y reforzar el impacto del mensaje. El aprendizaje continuo surge al incorporar las sugerencias recibidas y experimentar con nuevos enfoques en futuras intervenciones, fortaleciendo la capacidad para adaptar el mensaje y explorar nuevas formas de conectar con la audiencia. Este proceso de recibir, reflexionar y ajustar impulsa una mejora constante en la manera de comunicar y en la capacidad para influir en los demás. |

**Fuente:** Elaboración propia

## a) Feedback del experto

En esta etapa, la persona que dirige la sesión ofrecerá un *feedback* directo y efectivo a cada participante una vez haya finalizado su exposición. Mientras el resto de los compañeros redacta su *feedback* individual para enviarlo de manera privada, el experto realizará una devolución verbal centrada en cómo ha sido percibida. Este *feedback* proporcionará una visión clara sobre las fortalezas del participante y señalará de manera precisa alguna área de mejora, permitiendo que el participante entienda con mayor profundidad cómo su mensaje ha llegado a la audiencia y qué ajustes podrían potenciar el impacto de su comunicación. Aunque el *feedback* del experto es subjetivo, aporta una lectura cualificada y profesional que servirá para completarlo con el *feedback* escrito de los demás participantes. Esta combinación de perspectivas permitirá al participante tener una visión más amplia y equilibrada sobre su desempeño, ayudándole a perfeccionar su capacidad de comunicar.

Ahora exploraremos las habilidades que se trabajan durante esta etapa.

Tabla 15. Desarrollo de habilidades en la etapa *"Feedback* del experto"

| Resiliencia, flexibilidad y agilidad | Estas se desarrollan a través de la recepción e interpretación de las observaciones directas. La resiliencia se trabaja al recibir comentarios sobre áreas de mejora, manteniendo una actitud abierta y receptiva sin que las críticas afecten a la confianza. La flexibilidad entra en juego al adaptar la propia perspectiva en función del *feedback* recibido, ajustando el enfoque para perfeccionar el mensaje y la manera de comunicar. La agilidad se activa en la capacidad para procesar rápidamente las observaciones, identificar patrones y aplicar ajustes de manera inmediata o en futuras intervenciones, integrando las sugerencias de manera natural y efectiva. |
|---|---|

| Motivación y autoconocimiento | La motivación surge cuando el participante recibe reconocimiento por las fortalezas y logros alcanzados en la exposición, lo que impulsa la confianza y el deseo de seguir mejorando. Al mismo tiempo, el autoconocimiento se fortalece al recibir observaciones específicas sobre el lenguaje corporal, el tono y la estructura del discurso, permitiendo al participante tomar conciencia de cómo está siendo percibido y qué ajustes puede realizar para comunicar de manera más efectiva y auténtica. Esta combinación de reconocimiento y reflexión impulsa el crecimiento personal y profesional. |
|---|---|
| Curiosidad y aprendizaje continuo | Se despierta al recibir observaciones detalladas sobre el discurso, lo que lleva al participante a cuestionarse y explorar nuevas formas de mejorar su comunicación. Las sugerencias y comentarios técnicos del experto abren la puerta a enfoques diferentes, estimulando la búsqueda de soluciones creativas y estrategias más efectivas para conectar con la audiencia. El aprendizaje continuo se fortalece al analizar estas observaciones y aplicarlas en futuras intervenciones, consolidando una actitud de mejora constante basada en la experimentación y la adaptación. |

Fuente: Elaboración propia

Sin *feedback* no hay mejora. Liderar desde el ser implica no solo expresar lo que sentimos y pensamos, sino también entender cómo eso llega a los demás. El *feedback* nos permite cerrar esa brecha entre la intención y el impacto, ofreciéndonos una perspectiva externa que revela aspectos de nuestra comunicación y de nuestro liderazgo que podrían pasar desapercibidos. Y no solo eso. El *feedback* también nos ayuda a descubrir zonas ciegas de las que no somos conscientes, pero que, al ser reveladas, se convierten en una oportunidad para crecer y comunicar con mayor autenticidad y coherencia. Sin embargo, lo más importante de esta etapa no es lo que nos digan los demás, sino la reflexión que hacemos a partir de ello y las conclusiones que extraemos. El valor real del *feedback* no está solo en las observaciones que recibimos, sino en nuestra capacidad para darles sentido y traducirlas en una forma de comunicar y liderar más alineada con nuestra verdad y por lo tanto, de mejorar nuestro liderazgo.

La fase de *feedback* completa el ciclo de comunicación al proporcionar una visión externa que permite al participante comprender cómo ha sido percibido su mensaje. La combinación de la hetero-comunicación y el *feedback* del experto ofrece un equilibrio entre la percepción colectiva y el análisis técnico, lo que permite una comprensión más profunda de las propias fortalezas y áreas de mejora. Sin embargo, el verdadero valor de esta fase solo se activa a través de la reflexión personal sobre el *feedback* recibido. No basta con escuchar las observaciones; es necesario procesarlas, darles sentido y traducirlas en ajustes conscientes para perfeccionar la capacidad de comunicar y liderar. La mejora real surge cuando el participante toma el *feedback* como una herramienta de crecimiento y lo convierte en una oportunidad para comunicar y liderar con mayor autenticidad, claridad e impacto.

Ilustración 9. Experiencia fase Feedback. Programa Icónico de Skills&Art (2025)

**Foto:** Lucía Pérez Pérez

## Metáfora de Feedback: Río

Un río nunca se detiene. Desliza su curso entre orillas cambiantes, atraviesa paisajes y pueblos, refleja el cielo y también lo que queda bajo la superficie. En *Un río con pescadores de Salomon Jacobsz* captura ese instante suspendido entre la calma aparente y el movimiento constante. En esta fase, como el agua que fluye y se transforma, el *feedback* se convierte en espejo y corriente: refleja lo que hemos sido y empuja hacia lo que podemos llegar a ser. La fuerza de la metáfora reside en que, como en el liderazgo, mirar el río no es solo observar, sino atreverse a leerse en él.

Elegimos esta obra porque representa de manera serena pero poderosa la dinámica del flujo, la pausa y la transformación. El río serpentea por el paisaje como lo hace la retroalimentación en un proceso formativo: conecta puntos, cambia ritmos, revela matices. Las figuras humanas, dispersas pero activas en distintas tareas, evocan esa multiplicidad de voces que participan en el *feedback*, mientras que la arquitectura al borde del agua sugiere estructuras que acogen y canalizan el movimiento. Salomon Jacobsz no retrata un río idealizado, sino uno real, que pasa por puentes, muelles y rincones inesperados, igual que lo hace cualquier conversación significativa sobre el aprendizaje y el cambio.

Ilustración 10. Salomon Jacobsz. van Ruysdael, (1645). Un río con pescadores. Óleo sobre tabla.

Cuando salí del jardín, sentí que algo había cambiado. No era solo lo que había dicho, era cómo había sido escuchado. El eco de las miradas, las sonrisas y los silencios me acompañaban mientras descendía hacia el valle. Allí, al fondo, un río atravesaba el paisaje con la calma de quien lo ha visto todo.

Desde la orilla, contemplé cómo las casas se inclinaban suavemente hacia el agua, como queriendo escucharse en su reflejo. *Un río con pescadores*, pensé. Era como si aquel lugar me invitara a detenerme, a observar lo que el agua me devolvía.

El río, como el *feedback*, no responde de inmediato, pero refleja con precisión. En él vi mis gestos, mis palabras, lo que quise decir y lo que realmente quedó. Comprendí que había llegado a una etapa en la que mirar hacia fuera también era mirar hacia dentro. Escuchar lo que otros vieron en mí, con atención y sin defensa, era un acto de valentía.

No todo lo que el agua mostraba era cómodo. A veces las corrientes removían zonas profundas, desconocidas. Pero también me ofrecían la oportunidad de crecer, de ajustar el rumbo, de comunicar no solo con claridad, sino con verdad. Porque en ese intercambio, tan sereno como el fluir del río, descubrí que el liderazgo también se construye en la escucha, en la humildad de aceptar la mirada del otro.

Y mientras el agua seguía su curso, supe que esta parada no era un final, sino un reflejo necesario. Una orilla desde la que observar, agradecer y decidir cómo seguir avanzando, con más conciencia, más ligereza y más verdad.

## Logros "Río"

Y como todo río deja huella en la orilla, esta fase dibuja en la memoria las curvas del recorrido. Los logros río son las habilidades que se modelan al dejarse llevar por la corriente sin perder el cauce, al sortear los obstáculos sin perder el pulso. Son destrezas que nacen de fluir con atención, de escuchar con intención, de observar el reflejo propio y ajeno en el agua en movimiento. Aquí están las herramientas que se afinan en el tránsito compartido, preparándote para tomar impulso hacia tu siguiente destino.

# Figura 7. Logros "Río"

**Logros Río**

- Pensamiento analítico
- Resiliencia, flexibilidad y agilidad
- Pensamiento creativo
- Motivación y autoconocimiento
- Empatía y escucha activa
- Gestión del talento
- Orientación al servicio
- Curiosidad y aprendizaje continuo

**Fuente:** Elaboración propia

## 5. Mentoring. Plan de desarrollo personal

La fase de *mentoring* representa el momento en el que todo el proceso recorrido hasta ahora se consolida y se proyecta hacia el futuro. Después de haber trabajado en el autoconocimiento, la comunicación y el *feedback*, esta fase permite integrar todo lo aprendido para transformarlo en un plan de desarrollo personal y profesional. Es el espacio donde las reflexiones, las fortalezas descubiertas y las áreas de mejora identificadas se alinean para construir una estrategia de crecimiento sostenible.

El *mentoring* ofrece un acompañamiento estructurado que ayuda al participante a clarificar objetivos, definir pasos concretos y superar posibles bloqueos. Este proceso no solo refuerza la confianza y la capacidad para liderar, sino que también facilita una mayor coherencia entre el estilo de comunicación, el propósito personal y la manera de relacionarse con el entorno. Esta fase permite que el aprendizaje trascienda la experiencia del curso y se convierta en una herramienta de crecimiento continuo.

Las etapas que componen esta fase son:

### a) Introspección

La etapa de introspección es el espacio donde el participante procesa y da sentido a toda la información recibida a lo largo de la experiencia. Después de haber trabajado en la exposición y en la fase de *feedback*, este momento de reflexión permite al participante detenerse para analizar qué ha descubierto sobre sí mismo, cómo ha sido percibido por los demás y qué aspectos de su liderazgo y comunicación desea seguir desarrollando.

Este proceso se realiza a través de una sesión de coaching grupal, donde se plantea a los participantes una serie de preguntas diseñadas para guiar la reflexión y facilitar la toma de conciencia. Se les invita a identificar qué habilidades desean seguir trabajando y a concretar tres acciones específicas que les permitan avanzar en ese desarrollo. Este ejercicio impulsa al participante a asumir la responsabilidad de su propio proceso de crecimiento, transformando las observaciones recibidas y las conclusiones personales en un plan de acción claro y dirigido. La introspección no solo refuerza el autoconocimiento, sino que también alinea las competencias adquiridas con el propósito y el estilo de liderazgo personal.

A continuación, os presentamos una propuesta de batería de preguntas:

## 1. Reflexión personal

Estas preguntas están diseñadas para que el participante analice lo que ha descubierto sobre sí mismo y cómo ha sido percibido por los demás:

- ¿Qué he descubierto sobre mi manera de comunicar y liderar que no sabía antes de esta experiencia?

- ¿Qué aspectos de mi discurso y mi estilo de comunicación han tenido un mayor impacto en la audiencia?

- ¿Qué comentarios o *feedback* me han sorprendido más? ¿Por qué?

- ¿Qué patrones o tendencias comunes he identificado en el *feedback* recibido?

- ¿Qué fortalezas me han reconocido que yo mismo no percibía como tales?

- ¿Qué dificultades o áreas de mejora me resultan más desafiantes?

- ¿Qué emociones me ha generado la experiencia de exponer y recibir *feedback*? ¿Qué me dice eso sobre mi manera de comunicar?

## 2. Identificación de objetivos

Estas preguntas ayudan a que el participante traduzca esa reflexión en objetivos específicos:

- ¿Qué habilidades específicas de comunicación o liderazgo quiero seguir desarrollando?

- ¿Qué aspectos de mi estilo de comunicación considero que necesitan mayor ajuste para ser más efectivo/a?

- ¿Qué fortalezas puedo seguir potenciando para mejorar mi capacidad de influencia y conexión con la audiencia?

- ¿Qué cambio personal o profesional me gustaría lograr a partir de lo que he aprendido en esta experiencia?

- ¿Cómo puedo integrar lo que he descubierto sobre mi estilo de liderazgo en mi entorno profesional o personal?

## 5.1. Plan de acción

Este bloque guía al participante para que defina acciones claras y alcanzables:

- ¿Qué tres acciones específicas puedo llevar a cabo para mejorar mis competencias en comunicación y liderazgo?

- ¿Qué recursos o herramientas necesito para implementar estas acciones?

- ¿Qué obstáculos podría encontrar en el camino y cómo puedo superarlos?

- ¿Qué plazo de tiempo me doy para implementar estas acciones?

- ¿Cómo voy a medir los avances y resultados de estas acciones?

- ¿A quién puedo pedir apoyo o consejo para mantenerme en el camino hacia mis objetivos?

*a) Habilidades*

Las habilidades que se desarrollan en esta etapa son:

Tabla 16. Desarrollo de habilidades en la etapa "Introspección"

| Pensamiento analítico | En la fase de introspección, el pensamiento analítico se desarrolla al procesar de manera estructurada toda la información recibida a lo largo de la experiencia. El participante analiza el *feedback* obtenido, identifica patrones en las observaciones y evalúa qué aspectos de su comunicación y liderazgo han funcionado mejor y cuáles requieren un ajuste. Este proceso implica interpretar de manera crítica las fortalezas y áreas de mejora, conectar las conclusiones con la experiencia vivida y definir objetivos concretos para aplicar ese aprendizaje en futuras intervenciones. |
|---|---|
| Resiliencia, flexibilidad y agilidad | Se activan durante el proceso de reflexión y ajuste. La resiliencia se trabaja al enfrentarse de manera honesta y equilibrada a las áreas de mejora identificadas en el *feedback*, gestionando las emociones que puedan surgir sin que afecten a la motivación o la confianza. La flexibilidad entra en juego al reinterpretar las observaciones recibidas y estar dispuesto a ajustar la manera de comunicar y liderar para mejorar el impacto y la conexión con la audiencia. La agilidad se desarrolla al procesar rápidamente la información obtenida, identificar patrones y definir con claridad las tres acciones específicas que permitirán implementar los ajustes de manera práctica y efectiva. |

| | |
|---|---|
| Pensamiento creativo | En la fase de introspección, el pensamiento creativo se desarrolla al explorar nuevas formas de aplicar el *feedback* recibido y mejorar la manera de comunicar y liderar. El participante no solo reflexiona sobre lo que ha funcionado o lo que puede ajustarse, sino que también busca soluciones originales para reforzar su mensaje y su conexión con la audiencia. La creatividad se activa al definir las tres acciones específicas para seguir desarrollando las habilidades, ya que implica encontrar estrategias innovadoras y adaptadas al propio estilo para perfeccionar la comunicación y fortalecer el impacto personal y profesional. |
| Motivación y autoconocimiento | En la fase de introspección, la motivación y el autoconocimiento se refuerzan al procesar el *feedback* recibido y extraer conclusiones sobre el propio estilo de comunicación y liderazgo. La motivación surge al reconocer las fortalezas identificadas y tomar conciencia de los logros alcanzados, lo que impulsa el deseo de seguir mejorando y perfeccionando el impacto personal. El autoconocimiento se profundiza al analizar las áreas de mejora señaladas, lo que permite al participante identificar patrones de comportamiento, reconocer limitaciones y descubrir nuevas formas de potenciar su capacidad de comunicar y liderar. Este proceso de reflexión consciente y estructurada refuerza la seguridad y la claridad sobre las propias competencias y el camino de desarrollo personal. |

| Curiosidad y aprendizaje continuo | En la fase de introspección, la curiosidad y el aprendizaje continuo se desarrollan al abordar el *feedback* recibido con una actitud de exploración y apertura. La curiosidad impulsa al participante a analizar en profundidad las observaciones, preguntándose por qué ciertos aspectos funcionaron mejor que otros y buscando nuevas formas de mejorar su manera de comunicar y liderar. El aprendizaje continuo se refuerza al traducir esas reflexiones en acciones concretas, probando distintos enfoques y estrategias para perfeccionar el discurso y la conexión con la audiencia. Este proceso de análisis y ajuste constante fortalece la capacidad para adaptarse y evolucionar en futuras situaciones de comunicación y liderazgo. |
|---|---|

**Fuente:** Elaboración propia

## b) Elaboración e implementación del proyecto de desarrollo personal

En esta etapa, el participante transforma las reflexiones obtenidas en la fase de introspección en un plan de acción concreto y orientado a resultados. Después de haber respondido a las preguntas del coaching grupal y tomado conciencia de las propias fortalezas y áreas de mejora, el siguiente paso es definir cómo aplicar ese conocimiento de manera práctica y efectiva para seguir desarrollando las competencias personales y profesionales.

Este proceso se realiza a través de sesiones de coaching dialógico, donde el participante explora de manera guiada cómo trabajar las habilidades identificadas y consolidar un estilo de liderazgo y comunicación auténtico y coherente. El coaching permite que el participante formule objetivos claros, diseñe estrategias para alcanzarlos y establezca indicadores para medir el progreso. La elaboración de este plan personal marca el paso de la reflexión a la acción, asegurando que las competencias adquiridas se integren en el día a día y sigan evolucionando en el tiempo.

Concluimos con las habilidades trabajadas en esta última etapa:

Tabla 10. Desarrollo de habilidades en la etapa "Elaboración e implementación del plan de desarrollo personal"

| Pensamiento analítico | En la etapa de elaboración e implementación del plan de desarrollo personal, el pensamiento analítico se desarrolla al estructurar de manera clara y lógica las acciones que permitirán alcanzar los objetivos definidos. El participante analiza el *feedback* recibido y las reflexiones obtenidas durante la introspección para identificar patrones, conectar fortalezas y áreas de mejora, y establecer objetivos específicos y alcanzables. Este proceso implica evaluar qué estrategias serán más efectivas, identificar posibles obstáculos y definir indicadores concretos para medir el progreso. La capacidad para descomponer el plan en pasos claros y ordenados, y para ajustar el enfoque en función de los resultados, refuerza el pensamiento analítico como una herramienta para la mejora continua y el crecimiento personal |
|---|---|
| Resiliencia, flexibilidad y agilidad | En esta etapa, la resiliencia, la flexibilidad y la agilidad se desarrollan a lo largo del proceso de definición y ajuste de los objetivos. La resiliencia se trabaja al enfrentarse a las dificultades y obstáculos que puedan surgir al implementar el plan, manteniendo el compromiso y la motivación para seguir adelante incluso cuando los resultados no son inmediatos o las circunstancias cambian. La flexibilidad entra en juego al adaptar el enfoque y las estrategias en función de los resultados y las condiciones cambiantes, ajustando el plan para optimizar los resultados sin perder de vista los objetivos principales. La agilidad se activa al evaluar rápidamente la efectividad de las acciones emprendidas, identificar qué funciona y qué necesita ser modificado, y realizar esos ajustes de manera rápida y efectiva para asegurar que el proceso de desarrollo se mantenga dinámico y en evolución. |

| Pensamiento creativo | El pensamiento creativo se desarrolla al buscar soluciones innovadoras y estrategias originales para alcanzar los objetivos definidos. No se trata solo de aplicar técnicas o métodos conocidos, sino de explorar nuevas formas de comunicar y liderar que se alineen con el estilo personal del participante. La creatividad entra en juego al diseñar acciones que permitan reforzar las fortalezas identificadas y trabajar las áreas de mejora de manera auténtica y efectiva. También se activa al encontrar maneras alternativas de afrontar los obstáculos que puedan surgir durante el proceso, adaptando el enfoque sin perder coherencia con los objetivos marcados. Esta capacidad para generar y probar nuevas soluciones refuerza la conexión entre el aprendizaje y la acción |
|---|---|
| Motivación y autoconocimiento | Definir un plan de acción claro y realista impulsa tanto la motivación como el autoconocimiento en esta etapa. La motivación crece al asumir el control del propio desarrollo, ya que establecer objetivos concretos y alcanzables refuerza el compromiso y el deseo de lograr resultados visibles. La claridad sobre las fortalezas y las áreas de mejora identificadas en la fase de introspección también incrementa la confianza y el impulso para avanzar. Al mismo tiempo, el autoconocimiento se fortalece al traducir esas reflexiones en acciones específicas, lo que permite al participante adaptar las estrategias a su estilo de liderazgo y a sus necesidades personales. Esta alineación entre objetivos y capacidades refuerza la autenticidad y potencia el impacto del proceso de crecimiento |

| Orientación al servicio | Al estructurar un plan de desarrollo personal, la orientación al servicio se refuerza al conectar el crecimiento individual con el impacto que puede generar en los demás. El participante no solo define objetivos para mejorar sus competencias personales, sino que también reflexiona sobre cómo su manera de comunicar y liderar puede aportar valor a su entorno. La elección de acciones alineadas con el propósito personal impulsa una forma de liderazgo más consciente y centrada en las necesidades de los demás. El proceso de mejorar la claridad, la conexión y la autenticidad en la comunicación fortalece la capacidad para inspirar y facilitar el crecimiento colectivo, consolidando una forma de liderar que pone el foco en el impacto y en la comprensión mutua. |
|---|---|
| Curiosidad y aprendizaje continuo | Construir un plan de desarrollo personal despierta la curiosidad y refuerza el aprendizaje continuo al invitar al participante a explorar nuevas formas de mejorar su comunicación y liderazgo. La necesidad de definir acciones concretas para alcanzar los objetivos impulsa a buscar estrategias diferentes y a probar enfoques que quizás no había considerado antes. Esta exploración activa genera una actitud de apertura hacia el ensayo y error, entendiendo que cada ajuste o cambio en el camino es una oportunidad para descubrir qué funciona mejor. El proceso de implementación del plan también alimenta el aprendizaje continuo, ya que el participante evalúa los resultados, adapta las estrategias y ajusta las acciones en función de lo que aprende en cada experiencia. Esta dinámica de exploración y ajuste convierte el desarrollo personal en un proceso vivo y en constante evolución. |

Fuente: Elaboración propia

La fase de *mentoring* marca el paso definitivo de la reflexión a la acción. Después de haber explorado el propio estilo de comunicación y liderazgo, recibir *feedback* y tomar conciencia de las fortalezas y áreas de mejora, esta fase ofrece al participante la oportunidad de consolidar ese aprendizaje en un plan estratégico y personal. La combinación de introspección y acción convierte el desarrollo personal en un proceso consciente y sostenible, donde el crecimiento no depende solo del talento o las circunstancias, sino de la capacidad para ajustar, adaptar y evolucionar con cada experiencia. Más que un punto final, esta fase abre la puerta a una manera de liderar y comunicar más auténtica y conectada, donde cada paso cuenta y cada acción refuerza la capacidad para influir y dejar huella en los demás.

Ilustración 11. Experiencia Fase *Mentoring*. Programa Icónico (2023)

**Foto:** Lucía Pérez-Pérez

## Metáfora de Mentoring: Camino

Hay caminos que no necesitan palabras. Solo la luz que los atraviesa, la nieve que cruje bajo el paso, la calma que envuelve cada decisión. En *Camino de Versalles, Louveciennes*, Camille Pissarro no pinta un paisaje, pinta un momento interior: ese instante en el que el trayecto se vuelve personal, y el silencio, una guía. La fuerza de esta imagen está en que avanzar no siempre exige prisa, pero sí dirección. Como en el liderazgo, no se trata de llegar, sino de saber por qué seguimos caminando.

Esta obra fue elegida porque condensa, en su aparente sencillez, la profundidad de una etapa en la que lo esencial es avanzar con propósito. La perspectiva del camino, enmarcado por árboles desnudos y un cielo translúcido, sugiere una claridad que no se impone, sino que se ofrece a quien sabe mirar. El blanco de la nieve no representa vacío, sino posibilidad. La figura que camina en soledad no está perdida, está en comunión con el entorno, atenta a cada paso. Pissarro nos entrega aquí una imagen que no grita, pero resuena: avanzar también es detenerse, escuchar el entorno, y conectar con el sentido de lo que hacemos. En este paisaje silencioso, encontramos la metáfora perfecta de un liderazgo que madura.

Ilustración 12. Camille Pissarro (1870). Camino de Versalles, Louveciennes, sol de invierno y nieve. Óleo sobre lienzo.

© Museo Nacional Thyssen-Bornemisza

El río quedó atrás, pero no su rumor. Aún me acompaña su cadencia, como si cada reflexión recogida en sus orillas siguiera fluyendo dentro de mí. Me alejé despacio, con la certeza de haber aprendido a escuchar, a soltar, a mirar con otros ojos. Pero el cauce no era el destino. Era solo un tramo del viaje.

Ahora, el sendero se estrecha y se vuelve íntimo. El aire es frío pero amable, como si el invierno hubiera aprendido a acariciar. El suelo, cubierto de escarcha, responde distinto bajo mis pies: ya no es incertidumbre, es consciencia. Ya no es impulso, es dirección. Con cada paso, repaso lo vivido. Las palabras que encendieron ideas. Los silencios que me revelaron verdades. Las miradas que me ayudaron a verme como nunca antes.

Caminar ya no es avanzar sin más. Es elegir. Es sostener. Llevo conmigo una brújula nueva, no hecha de acero, sino de propósito. Sé hacia dónde quiero ir. Sé, sobre todo, por qué. Pero intuyo que para recorrer este nuevo tramo no bastan las ganas ni el mapa. Hará falta luz. No para iluminarlo todo, sino para distinguir lo importante. Como un faro que, sin moverse, recuerda el norte. Porque crecer también es saber pedir claridad. Y porque este camino —largo, imperfecto y lleno de belleza— merece ser recorrido despierto. Con presencia. Con hambre de aprender. Y con el deseo intacto de no dejar de andar.

Porque el verdadero liderazgo no se impone, se cultiva caminando con sentido.

### Logros "Camino"

Y como todo camino deja una huella en la tierra, esta fase recoge las señales de lo recorrido con atención y entrega. Los logros camino son las habilidades que emergen cuando se avanza con propósito, cuando cada paso se convierte en elección y cada decisión en una oportunidad para crecer. Son las herramientas que se afilan en la reflexión y se activan en la acción: la claridad que nace del análisis, la fuerza flexible que se adapta, la creatividad que abre rutas nuevas, la motivación que sostiene el ritmo, la curiosidad que no se agota y la voluntad de poner el viaje al servicio de algo más grande. Aquí están, listas para acompañarte más allá del horizonte.

## Figura 8. Logros "Camino"

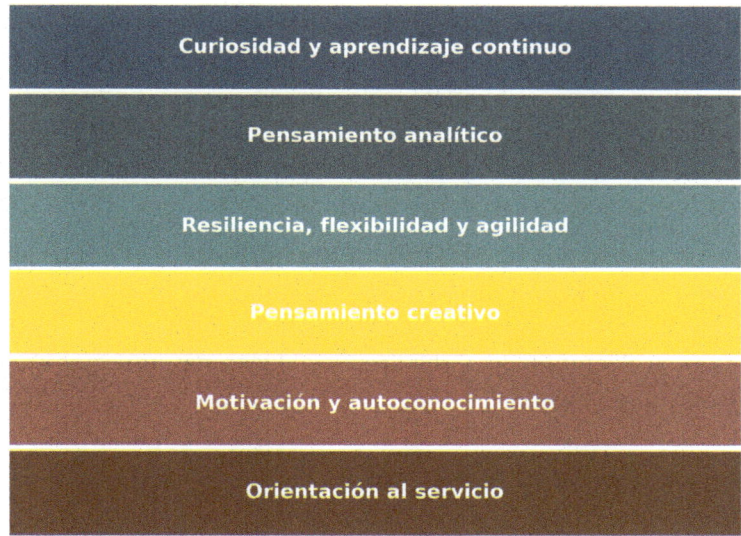

**Logros Camino**

- Curiosidad y aprendizaje continuo
- Pensamiento analítico
- Resiliencia, flexibilidad y agilidad
- Pensamiento creativo
- Motivación y autoconocimiento
- Orientación al servicio

**Fuente:** Elaboración propia

### La habitación blanca: Metáfora Final del viaje

La travesía de Skills&Art es una experiencia de transformación que atraviesa metáforas, obras, emociones y decisiones. Al final de este recorrido, cuando ya no quedan preguntas urgentes ni mapas por desplegar, surge una imagen distinta: un interior delicado, íntimo, donde todo parece en calma y, sin embargo, algo profundo sucede.

Inspirada en las escenas interiores del impresionismo —espacios donde lo cotidiano se transforma en revelación—, esta metáfora final nos invita a detenernos. Es el momento después del viaje, cuando lo vivido comienza a asentarse y a encontrar sentido. La figura femenina, frente al espejo, no se contempla en vanidad, sino en recogimiento: busca reconocerse, integrar lo experimentado, ordenar en silencio su propia transformación.

Elegimos El espejo psiqué (1876) de Berthe Morisot porque expresa, con sutileza y vibración cromática, ese punto exacto en el que la transformación ya no necesita relato, solo mirada interior. La protagonista, reflejada y duplicada, no encarna la duda, sino la posibilidad de reconocerse desde nuevas perspectivas. El espacio, bañado de luz tenue, se convierte en refugio y escenario de introspección.

En esta habitación no se aprende nada nuevo, pero es donde todo lo aprendido cobra sentido. A través de esta escena íntima, contada como una última postal del viaje, acompañamos a una protagonista que —sin discursos ni solemnidades— ha llegado al lugar más importante: el encuentro consigo misma.

Ilustración 13. Berthe Morisot (1876). El espejo psiqué. Óleo sobre lienzo.

© Museo Nacional Thyssen-Bornemisza

Se mira en el espejo y, por un instante, duda de si es la misma persona que empezó aquel viaje. El vestido aún desajustado, los hombros descubiertos, la respiración contenida. La habitación guarda silencio, apenas roto por la luz que entra a ráfagas y el roce leve de la tela sobre su piel. Parece un momento cualquiera, pero ella sabe que no lo es.

Recuerda la primera vez que se lanzó al mar abierto, cuando todo era vértigo y preguntas sin respuesta. Ese salto fue un acto de fe. No sabía con claridad hacia dónde iba, pero sí intuía que debía empezar. Y empezó. En aquellas olas encontró, por primera vez, el coraje de preguntarse de verdad quién era. Y quién quería llegar a ser.

Después llegó el cruce de caminos. Voces que la confundían, señales que se contradecían. El ruido dentro, el ruido fuera. Pero, en medio de esa tormenta, descubrió algo insólito: un propósito propio. Tembloroso, sí. Pero suyo. Y se atrevió a elegir. Con miedo, claro. Pero también con la inesperada seguridad de quien empieza a confiar en su instinto.

El paso dado abrió un claro inesperado: un jardín. Allí, todo parecía distinto. El tiempo se volvió lento, los vínculos florecían sin forzar, las ideas se expandían con naturalidad. Allí comprendió que liderar no es solo avanzar, sino también detenerse; no es imponer, sino acompañar; no es ocupar, sino abrir espacio para que otros crezcan.

Pero ningún jardín dura para siempre. Un día, el río la llamó. Su corriente era fuerte, a veces amable, a veces incómoda. El agua traía mensajes: verdades dulces, verdades difíciles. Aprendió a escucharlas sin armaduras, a dejar que el *feedback* la transformara sin hundirla. Descubrió que no se trataba de juicio, sino de ajuste; no de herida, sino de posibilidad.

Cuando las aguas se calmaron, apareció el camino. El último. No era un lugar para aprender más, sino para integrar lo aprendido. Cada paso resonaba con lo vivido. El futuro dejó de ser una meta inalcanzable para convertirse en una dirección. Propia. Elegida.

Y ahora está aquí. Frente al espejo. Observa su reflejo y reconoce, en esos ojos cansados pero claros, a alguien distinto. Alguien que ya no necesita certezas prestadas, porque guarda consigo un cuaderno lleno de superpoderes. Todo lo vivido late en sus páginas y en su interior.

Sabe que ha cambiado. Que ya no camina desde la inconsciencia, sino desde la claridad. Que el propósito es ahora su brújula y que la consciencia le muestra, sin disfraces, su verdadero punto de partida.

Porque la verdadera transformación no termina aquí: empieza en este preciso instante. El instante en que la consciencia abre un camino profundo, personal e irrepetible. Un camino que no se impone, sino que se elige. Y que, a cada paso, sigue revelando quién es y quién puede llegar a ser.

Y ahora, con todo lo vivido a cuestas y la mirada clara, es momento de alzar la copa. Porque todo viaje que transforma merece ser celebrado.

## Hacia el Horizonte

Para cerrar este viaje, abordaremos dos temas que, aunque pequeños en apariencia, son fundamentales para garantizar la eficacia de la metodología. Estos elementos, "El Cuaderno de Superpoderes" y "El Brindis de Sócrates", ofrecen herramientas clave para continuar el camino de desarrollo personal y profesional. Aunque a menudo pasan desapercibidos, su impacto es profundo, ya que refuerzan los aprendizajes y permiten que el proceso de crecimiento sea realmente transformador.

## 6. El final continuo: Brindis de Sócrates

El Brindis de Sócrates no es solo un gesto de celebración, sino un acto de reflexión profunda. Sócrates, amante de la sabiduría, disfrutaba rodeado de sus discípulos, con una copa de vino en mano, escuchando sus reflexiones, porque entendía que en la conversación, y sobretodo en el cuestionamiento, se encuentra el verdadero aprendizaje. Al igual que

Sócrates, nosotros en *Skills&Art* adoptamos esa misma filosofía: un momento donde se suspende el tiempo, y la reflexión fluye en cada palabra compartida.

Ilustración 14. Experiencia "Brindis de Sócrates". Programa Icónico (2024)

**Foto:** Lucía Pérez-Pérez

Cada participante, al alzar su copa, responde a una pregunta fundamental: ¿Qué me llevo de esta experiencia? Escuchar a cada uno de ellos, con una mirada sincera y a veces sorprendida, ofrecer su respuesta es absolutamente memorable. Las respuestas nunca dejan de sorprender, porque en ellas se revela no solo lo aprendido, sino cómo el arte y el pensamiento han transformado, de manera única, a cada persona. Es asombroso cómo cada historia compartida se convierte en una ventana a nuevas perspectivas, mostrando el poder de la introspección y el impacto del arte en nuestro ser.

El arte, con su lenguaje universal, actúa como puente entre lo tangible y lo intangible. Cuando se une al pensamiento, nos invita a mirar el mundo con una nueva perspectiva. En este brindis, el arte no solo se contempla, se siente; no solo se observa, se internaliza, sacando lo mejor de cada persona. Y lo que ocurre al integrar el arte con el pensamiento es nada menos que una verdadera transformación de las personas. Como una luz que se enciende en la oscuridad, el proceso de reflexión despierta la capacidad de la persona para caminar hacia la felicidad auténtica, esa que surge desde dentro y que se refleja en su forma de liderar y relacionarse con los demás.

Y así, tal como comenzamos este viaje, volvemos al principio: esta es una metodología por y para la persona, donde cada paso dado, cada reflexión compartida, tiene como propósito último el bienestar y el crecimiento auténtico del individuo. En este brindis, celebramos lo que somos, lo que hemos aprendido, y lo que, en última instancia, nos lleva a seguir creciendo y avanzando en el camino hacia una vida más plena y significativa.

# Anexo I

## TEST: REHS "RECONOCIENDO MIS HABILIDADES SOFT"

## 1. Evaluación diagnóstica y formativa de competencias socioemocionales

El test REHS es una herramienta diseñada para facilitar la autoevaluación de habilidades blandas —también llamadas *"soft skills"*— esenciales para el desarrollo personal, académico y profesional. Este instrumento permite identificar fortalezas y áreas de mejora a través de una mirada reflexiva que favorece el autoconocimiento, el aprendizaje autorregulado y el liderazgo consciente.

## 2. Objetivo del test

El test tiene una doble finalidad:

> Diagnosticar el nivel de desarrollo actual de las habilidades socioemocionales de la persona evaluada.

> Medir el impacto de la metodología *Skills&Art* en el fortalecimiento de estas competencias, mediante la comparación de resultados antes (pretest) y después (postest) de la intervención formativa.

## 3. Estructura del test

El cuestionario se compone de 17 dimensiones, cada una asociada a una habilidad blanda clave. Estas dimensiones incluyen competencias como el autoconocimiento, la creatividad, la resiliencia, la empatía, la toma de decisiones o la comunicación, entre otras. Cada dimensión está representada por cuatro afirmaciones o indicadores, frente a los cuales la persona debe expresar su grado de acuerdo.

## 4. Escala de valoración

Se utiliza una escala de Likert de cinco puntos:

1 – Totalmente en desacuerdo: rechazo absoluto de la afirmación.

2 – En desacuerdo: cierta disconformidad con la afirmación.

3 – Ni de acuerdo ni en desacuerdo: posición neutra o ambivalente.

4 – De acuerdo: aceptación moderada de la afirmación.

5 – Totalmente de acuerdo: identificación plena con la afirmación.

## 5. Instrucciones para la persona evaluada

Lee cuidadosamente cada afirmación y responde con sinceridad, marcando la opción que mejor refleje tu realidad actual. No existen respuestas correctas o incorrectas. La finalidad es ayudarte a reflexionar y tomar conciencia de tus propias competencias y posibilidades de mejora.

| Habilidades | Afirmaciones/enunciados | 1 – Totalmente en desacuerdo: rechazo absoluto de la afirmación. | 2 – En desacuerdo: cierta disconformidad con la afirmación. | 3 – Ni de acuerdo ni en desacuerdo: posición neutra o ambivalente. | 4 – De acuerdo: aceptación moderada de la afirmación. | 5 – Totalmente de acuerdo: identificación plena con la afirmación. |
|---|---|---|---|---|---|---|
| 1. Autoconocimiento | A. "Entiendo mis emociones y puedo identificarlas con claridad." | | | | | |
| | B. "Soy consciente de mis puntos fuertes y áreas de mejora." | | | | | |
| | C. "Soy capaz y puedo reconocer o admitir mis errores." | | | | | |
| | D. "Tengo una comprensión clara de mis valores y creencias personales." | | | | | |

| | | | | | | | |
|---|---|---|---|---|---|---|---|
| 2. Estrategias de aprendizaje | A. "Soy capaz de identificar cuáles son mis estilos de aprendizaje preferidos y utilizarlos de manera efectiva." | | | | | | |
| | B. "Utilizo diversas técnicas de estudio (por ejemplo, resúmenes, mapas conceptuales, elaboración) para profundizar mi comprensión de los temas." | | | | | | |
| | C. "Planifico y organizo mi tiempo de estudio de manera que pueda abordar eficientemente los materiales de aprendizaje." | | | | | | |
| | D. "Busco activamente retroalimentación sobre mi desempeño y utilizo esta información para mejorar mis estrategias de aprendizaje." | | | | | | |
| 3 Aprendizaje activo | A. "Me comprometo activamente en actividades de aprendizaje como proyectos personales o participación en grupos de estudio." | | | | | | |
| | B. "Busco proactivamente fuentes adicionales de información y recursos para profundizar mi comprensión sobre temas de interés." | | | | | | |
| | C. "Participo en discusiones y debates para fortalecer mi comprensión." | | | | | | |
| | D. "Busco retroalimentación sobre mi progreso para identificar áreas de mejora y oportunidades de aprendizaje." | | | | | | |

| | | | | | | | |
|---|---|---|---|---|---|---|---|
| **4. Resolución de Problemas** | A. "Soy capaz de identificar claramente los problemas cuando surgen." | | | | | | |
| | B. "Me siento cómodo/a al enfrentar situaciones desafiantes y buscar soluciones creativas." | | | | | | |
| | C. "Puedo analizar los problemas de manera sistemática y desarrollar un plan de acción efectivo para resolverlos." | | | | | | |
| | D. "Busco activamente diferentes enfoques y perspectivas al abordar problemas complejos." | | | | | | |
| **5. Pensamiento analítico** | "Soy capaz de descomponer problemas complejos en componentes más pequeños y manejables para su análisis." | | | | | | |
| | "Disfruto de la exploración de diferentes perspectivas y enfoques al abordar problemas o situaciones." | | | | | | |
| | "Tengo facilidad para identificar patrones y tendencias dentro de conjuntos de datos o situaciones complejas." | | | | | | |
| | "Puedo evaluar críticamente la información y argumentos presentados, identificando fortalezas, debilidades y posibles sesgos." | | | | | | |

| | | | | | | | |
|---|---|---|---|---|---|---|---|
| **6. Pensamiento crítico** | A. "Tiendo a cuestionar la información que recibo antes de aceptarla como verdadera." | | | | | | |
| | B. "Me siento cómodo/a examinando diferentes perspectivas y argumentos antes de formar una opinión." | | | | | | |
| | C. "Tengo la capacidad de identificar falacias lógicas y sesgos en el razonamiento de los demás." | | | | | | |
| | D. "Busco evidencia y datos adicionales para respaldar mis argumentos y opiniones antes de expresarlos." | | | | | | |
| **7. Creatividad** | A. "Disfruto explorando nuevas ideas y perspectivas en mi trabajo o actividades creativas." | | | | | | |
| | B. "Soy capaz de ver conexiones entre ideas aparentemente no relacionadas y aplicarlas de manera creativa." | | | | | | |
| | C. "Me siento cómodo/a asumiendo riesgos y explorando nuevas formas de abordar problemas o desafíos." | | | | | | |
| | E. "Busco constantemente formas de mejorar y reinventar mis ideas y proyectos existentes." | | | | | | |

| Categoría | Afirmación | | | | | | | |
|---|---|---|---|---|---|---|---|---|
| | A. "Soy capaz de implementar nuevas ideas y soluciones creativas para resolver problemas." | | | | | | | |
| | B. "Me siento cómodo/a cuestionando el status quo y proponiendo cambios innovadores." | | | | | | | |
| 8. Innovación | C. "Busco constantemente implementar nuevas formas de hacer las cosas de manera más eficiente o efectiva." | | | | | | | |
| | D. "Me siento motivado/a para implementar mis nuevas ideas y enfoques, incluso si implican cierto grado de riesgo." | | | | | | | |
| | A. "Tengo la capacidad de expresar mis ideas de manera clara y coherente durante conversaciones y presentaciones." | | | | | | | |
| | B. "Me siento cómodo/a participando en discusiones grupales y contribuyendo de manera efectiva a la conversación." | | | | | | | |
| 9. Comunicación Verbal | C. "Tengo la habilidad de adaptar mi estilo de comunicación según la audiencia y el contexto." | | | | | | | |
| | D. "Puedo escuchar activamente a los demás y responder de manera empática y reflexiva durante conversaciones." | | | | | | | |

| | | | | | | | | |
|---|---|---|---|---|---|---|---|---|
| **10. Comunicación no verbal** | A. "Tengo conciencia de mis gestos, expresiones faciales y postura corporal al interactuar con los demás." | | | | | | | |
| | B. "Puedo interpretar con precisión las señales no verbales de los demás, como el lenguaje corporal y las expresiones faciales." | | | | | | | |
| | C. "Utilizo conscientemente mi lenguaje corporal y expresiones faciales para complementar y reforzar mis mensajes verbales." | | | | | | | |
| | D. "Me siento cómodo/a y seguro/a al mantener contacto visual durante conversaciones." | | | | | | | |
| **11. Resiliencia** | A. "Soy capaz de adaptarme eficazmente a situaciones estresantes o adversas." | | | | | | | |
| | B. "Logro mantener una actitud positiva y esperanzadora incluso en momentos difíciles." | | | | | | | |
| | C. "Me recupero rápidamente de los contratiempos y aprendo de las experiencias adversas." | | | | | | | |
| | D. "Cuento con un fuerte sistema de apoyo social que me ayuda a superar momentos difíciles." | | | | | | | |

| | | | | | |
|---|---|---|---|---|---|
| 12. Empatía | A. "Soy capaz de ponerme en el lugar de los demás y comprender sus sentimientos y perspectivas." | | | | |
| | B. "Me esfuerzo por escuchar activamente a los demás y mostrar interés genuino por sus preocupaciones." | | | | |
| | C. "Busco comprender las emociones de los demás y brindarles apoyo emocional cuando lo necesitan." | | | | |
| | D. "Tomo en cuenta las experiencias y circunstancias de los demás al interactuar con ellos, adaptando mi comportamiento según sea necesario." | | | | |
| 13. Inteligencia Emocional | A. "Soy consciente de mis propias emociones y puedo identificarlas con precisión." | | | | |
| | B. "Tengo la capacidad de manejar mis emociones de manera efectiva, sin dejar que dominen mi comportamiento." | | | | |
| | C. "Entiendo las emociones de los demás y puedo empatizar con sus sentimientos y perspectivas." . | | | | |
| | D. "Utilizo de manera efectiva la comunicación emocional para resolver conflictos y mejorar relaciones interpersonales." | | | | |

| | A. "Suelo mantener contacto visual y mostrar señales de interés cuando estoy escuchando a alguien." | | | | | | |
|---|---|---|---|---|---|---|---|
| **14. Escucha activa** | B. "Me tomo el tiempo necesario para comprender completamente lo que la otra persona está expresando antes de responder." | | | | | | |
| | C. "Soy capaz de reformular las ideas o sentimientos de la otra persona para demostrar comprensión." | | | | | | |
| | D. "Busco activamente clarificar cualquier malentendido o ambigüedad durante la conversación." | | | | | | |
| | A. "Estoy dispuesto/a a adaptarme a cambios inesperados en mi entorno personal o laboral." | | | | | | |
| **15. Flexibilidad** | B. "Encuentro nuevas soluciones o enfoques cuando me enfrento a obstáculos o desafíos inesperados." | | | | | | |
| | C. "Me siento cómodo/a trabajando en diferentes equipos o con personas de distintos estilos y personalidades." | | | | | | |
| | D. "Estoy abierto/a a recibir retroalimentación y modificar mis enfoques o estrategias según sea necesario." | | | | | | |

| | | | | | |
|---|---|---|---|---|---|
| | A. "Tengo la capacidad de expresar mis ideas de manera clara, concisa con la estructura gramatical correcta y sin faltas de ortografía." | | | | |
| | B. "Tengo buen dominio del lenguaje escrito y utilizo un vocabulario adecuado para el público y contexto." | | | | |
| 16. Comunicación escrita | C. "Puedo organizar mis ideas de manera lógica y coherente en la escritura, facilitando la comprensión del lector." | | | | |
| | D. "Me tomo el tiempo necesario para revisar y corregir mis escritos con el fin de mejorar su calidad y precisión." | | | | |
| | A. "Soy capaz de evaluar diferentes opciones antes de tomar una decisión importante." | | | | |
| | B. "Considero los posibles riesgos y consecuencias antes de tomar una decisión." | | | | |
| 17. Toma de decisiones | C. "Soy capaz de tomar decisiones bajo presión sin comprometer la calidad de mi elección." | | | | |
| | D. "Busco activamente información relevante y consulto a personas de confianza antes de tomar decisiones importantes." | | | | |

# Anexo II

## INTERPRETACIÓN DE RESULTADOS DEL TEST REHS "RECONOCIENDO MIS HABILIDADES *SOFT*"

Para interpretar los resultados **del test REHS "Reconociendo mis habilidades *Soft*"**

El propósito del test es una evaluación personal de las habilidades blandas o habilidades sociales y emocionales que se posee. Además, se trata de un proceso en el que la persona evalúa sus propias habilidades, lo que puede ser útil para el desarrollo personal y profesional.

Se debe aplicar antes (pretest) y después (postest) de la intervención con la innovación *Skills&Art*

Pasos para interpretar:

1. **Registro individual:** Anota la puntuación asignada a cada una de las afirmaciones dentro de las 17 dimensiones.

2. **Analizar las respuestas individuales:** Primero, observa las respuestas individuales de cada pregunta o afirmación para ver cómo se califica cada uno de los indicadores (A, B, C, D).

3. **Calcular promedios:**

Cálculo de promedios: Calcula el promedio de las cuatro respuestas de cada dimensión. Este valor representa el nivel de desarrollo de esa habilidad específica. Esto te dará una idea general del nivel de "autoconocimiento" o "empatía" o "Toma de decisiones" en cada uno de los indicadores.

Lectura de los niveles:

· **Promedios entre 1 y 2.5** indican un nivel bajo: se trata de una posible área de mejora.

- **Promedios entre 2.6 y 3.9** reflejan un nivel moderado o en desarrollo.

- **Promedios entre 4 y 5** señalan una competencia consolidada o fortaleza personal.

1. **Interpretar los promedios:**

- Un promedio cercano a 1 indica un bajo nivel de "autoconocimiento" o "empatía" o "Toma de decisiones" en el indicador específico.

- Un promedio cercano a 5 indica un alto nivel de "autoconocimiento" o "empatía" o "Toma de decisiones" en ese indicador específico.

- Los promedios intermedios pueden indicar un nivel moderado de autoconocimiento en ese indicador.

2. **Comparar las respuestas:** Si el test se aplica como pretest y postest, compara los promedios por dimensión. Esto permite observar los avances obtenidos tras la experiencia *Skills&Art* y detectar áreas que requieren atención continua.

   Compara los promedios de las respuestas de cada pregunta o afirmación para identificar patrones o discrepancias en las diferentes áreas del "autoconocimiento" o "empatía" o "Toma de decisiones"

3. **Identificar áreas de mejora:** Si los promedios son bajos en ciertas preguntas o afirmaciones, es posible que esas áreas sean puntos de mejora en el "autoconocimiento" o "empatía" o "toma de decisiones". Por otro lado, si los promedios son altos, es probable que esas áreas sean fortalezas en el autoconocimiento.

**Reflexión cualitativa:** Más allá de los números, es importante que cada participante se pregunte:

- ¿Qué áreas me sorprendieron por su resultado?

- ¿Cuáles me gustaría fortalecer?

- ¿Cómo se relacionan estas competencias con mis metas personales o profesionales?

**Reflexionar sobre las respuestas:** reflexiona sobre tus respuestas y cómo se alinean con tu percepción de ti mismo. ¿Hay áreas en las que estás de acuerdo con las calificaciones? ¿Hay áreas en las que difieres?

Estos resultados son solo una instantánea  en el momento de la evaluación y pueden cambiar a medida que desarrollas las habilidades.

Este test no tiene una finalidad clasificatoria ni punitiva. Su valor reside en su capacidad de generar conciencia sobre habilidades fundamentales para la vida. Las habilidades blandas no son estáticas: se desarrollan, se fortalecen y se transforman con la experiencia, la práctica y la intención.

El REHS invita a mirar hacia dentro, a pensarse desde el ser y a proyectarse con mayor autenticidad y responsabilidad en los entornos donde se actúa. Al integrar esta herramienta en la experiencia *Skills&Art*, no solo medimos resultados: acompañamos procesos de transformación

# Anexo III

## PLANTILLA DE RESULTADOS – TEST REHS "RECONOCIENDO MIS HABILIDADES SOFT"

### A. Instrucciones para completar la plantilla del Test REHS

Esta plantilla ha sido diseñada para que puedas registrar tus respuestas al test y analizar tus competencias socioemocionales de manera visual y organizada.

**¿Qué debes hacer?**

· Lee con atención cada afirmación que corresponde a una de las 17 habilidades blandas. Están agrupadas por dimensiones (por ejemplo: Autoconocimiento, Empatía, Pensamiento crítico, etc.).

· Valora cada afirmación utilizando la siguiente escala:

1 – Totalmente en desacuerdo

2 – En desacuerdo

3 – Ni de acuerdo ni en desacuerdo

4 – De acuerdo

5 – Totalmente de acuerdo

· Escribe tu puntuación para cada afirmación (P1 a P4) en la tabla correspondiente.

· Calcula el promedio de las cuatro respuestas de cada dimensión y colócalo en la columna final (Promedio). Este promedio te ofrece una idea general de tu nivel en esa habilidad.

**¿Cómo interpretar tus resultados?**

· Promedios entre 4 y 5: Indican una fortaleza consolidada.

- Promedios entre 2.6 y 3.9: Señalan una competencia en desarrollo.

- Promedios entre 1 y 2.5: Reflejan un área que podrías mejorar.

RECUERDA: El test no es un examen ni te define. Es una herramienta para conocerte mejor, identificar tus puntos fuertes y descubrir oportunidades de crecimiento. Responde con sinceridad, pensando en tu realidad actual, sin juzgarte. Recuerda que todas las habilidades aquí evaluadas pueden entrenarse y fortalecerse.

Consejo final: Guarda tu plantilla. Al repetir el test después de la experiencia *Skills&Art*, podrás comparar tus resultados y valorar tu propio progreso. ¡Ese será tu mejor indicador de crecimiento!

| N.º | Dimensión / Habilidad | Preguntas P1 | P2 | P3 | P4 | Promedio |
|---|---|---|---|---|---|---|
| 1 | Autoconocimiento | | | | | |
| 2 | Estrategias de aprendizaje | | | | | |
| 3 | Aprendizaje activo | | | | | |
| 4 | Resolución de problemas | | | | | |
| 5 | Pensamiento analítico | | | | | |
| 6 | Pensamiento crítico | | | | | |

| | | | | | | |
|---|---|---|---|---|---|---|
| 8 | Innovación | | | | | |
| 9 | Comunicación verbal | | | | | |
| 10 | Comunicación no verbal | | | | | |
| 11 | Resiliencia | | | | | |
| 12 | Empatía | | | | | |
| 13 | Inteligencia emocional | | | | | |
| 14 | Escucha activa | | | | | |
| 15 | Flexibilidad | | | | | |
| 16 | Comunicación escrita | | | | | |
| 17 | Toma de decisiones | | | | | |